金融街**10**号丛书
The Series of No.10 Financial Street

金融街**10**号丛书

The Series of No.10 Financial Street

国际债券市场借鉴

中央国债登记结算有限责任公司◎主编

全国百佳图书出版单位

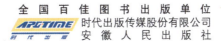

时代出版传媒股份有限公司

安徽人民出版社

图书在版编目(CIP)数据

国际债券市场借鉴/中央国债登记结算有限责任公司　主编.—合肥:安徽人民出版社,2016.12

ISBN 978-7-212-09696-0

Ⅰ.①国…　Ⅱ.①水…　Ⅲ.①债券市场—研究　Ⅳ.①F830.91

中国版本图书馆 CIP 数据核字(2016)第 063271 号

国际债券市场借鉴
GUOJI ZHAIQUAN SHICHANG JIEJIAN

中央国债登记结算有限责任公司　主编

出　版　人:朱寒冬　　　　　　　　　丛书策划:朱寒冬　曾昭勇　白　明

责任编辑:李　芳　　　　　　　　　　责任印制:董　亮

封面设计:许润泽

出版发行:时代出版传媒股份有限公司 http://www.press-mart.com

　　　　　安徽人民出版社 http://www.ahpeople.com

地　　址:合肥市政务文化新区翡翠路 1118 号出版传媒广场八楼　邮编:230071

电　　话:0551-63533258　0551-63533292(传真)

制　　版:合肥市中旭制版有限责任公司

印　　刷:安徽省人民印刷有限公司

开本:710mm×1010mm　　1/16　　印张:14.25　　字数:220 千

版次:2016 年 12 月第 1 版　　2016 年 12 月第 1 次印刷

ISBN 978-7-212-09696-0　　　　定价:36.00 元

目录

欧 洲

亚 洲

美　　洲

欧洲
Europe

俄罗斯托管结算机构研究

水汝庆　李鹏　宗军　饶林　吴青　李皓

一、俄罗斯资本市场发展概况

（一）主要证券工具

俄罗斯市场上的主要证券类型有：股票、固定收益证券以及其他证券（如投资基金份额、俄罗斯存托凭证、交易所交易基金等）。

其中，股票分为普通股、优先股两大类。只有国有股份公司的股票可以公开募股并在交易所交易。股东名册由登记机构维护。

固定收益证券主要包括：联邦政府债券、俄罗斯央行债（OBR）、地方政府债、企业债等。

联邦政府债券分联邦债券（OFZ）和俄罗斯联邦政府欧洲债券两种。其中，OFZ是使用卢布计价的中长期政府债券，分为三种：定息债券、浮息债券、零息（贴现）债券。俄罗斯联邦政府欧洲债券是长期债券，目前以美元、卢布发行，但也可以其他币种发行。

俄罗斯央行债（OBR）是以卢布计价的短期零息债券，在莫斯科交易所进行交易，从 2013 年开始没有再发行。

企业债、地方政府债分别由当地法人、联邦地区或自治市发行。企业债在莫斯科交易所进行交易时有一些附加特性，包括卖出选择权、提前赎回、浮动利率和部分赎回。

俄罗斯股票和债券市场主要市场数据如下：

	2010 年	2011 年	2012 年	2013 年	2014 年
股票市值（亿美元）	9544	7761	8171	7761	4085
占 GDP%	62.6	40.9	40.3	36.6	21.8
OFZ 国债存量（亿美元）	674	871	1085	1137	834
占 GDP%	4.4	5.0	5.3	5.6	4.4
外国持有%	—	—	—	23.9	18.7
地方债存量（亿美元）	152	144	141	156	94
企业债存量（亿美元）	976	1169	161	1626	1177
占 GDP%	6.4	6.2	6.6	7.7	6.3

投资基金份额（IFU）可在场外或交易所市场交易。IFU 由特定的登记公司进行登记、维护投资基金的股东信息（如果上市遵循特殊的基金管理规则，则只有中央证券托管机构〈CSD〉可在基金登记机构处持有名义账户）。

俄罗斯存托凭证（RDR）是用于证明投资者对一定数额的外国公司股票拥有权利的证券。RDR 采用电子化发行且在场外和交易所市场交易。

2013 年 4 月，FinEX 基金公司（爱尔兰）成为首家在莫斯科交易所上市的外国公司。目前有 11 只 ETF 在莫斯科交易所交易。

俄罗斯债券市场仍然有待发展,近年来的几个重要变化是:

一是交易前台多元化。2012 年前,OFZ 只允许在证券交易所的特定板块交易。2012 年初,OFZ 交易移至交易所的主板市场。现在 OFZ 可在场内及场外自由交易。

二是债券市场开放扩大。由于本国政府债券市场的开放以及国际市场环境对 OFZ 的影响,以卢布计价的债券市场增长显著。自 2013 年 2 月开始,OFZ 可以通过国际托管机构(ICSD)结算。2014 年 1 月开始,以卢布计价的企业债、地方政府债可以通过 ICSD 结算。俄罗斯金融市场这一重要发展阶段是通过大力改善基础设施建设来推动的。俄罗斯联邦税法修订案的推出(于 2014 年 1 月 1 日开始生效)大大简化了 2012 年以后发行债券的税收信息披露标准。

三是债券发行程序简化。此前,公开发行债券和股票遵循同等的程序。"交易所交易债券"使用简化的发行流程,以方便更大范围的投资者进行投资。一是发行注册不需要国家批准,而通过交易所来实现,由交易所为债券发行配发标识编码并根据上市规则来批准上市。二是配售不设截止期限。债的配售可通过交易所来实现。三是发行说明书要求没有"传统"债券苛刻。"交易所交易债券"并非限于交易所市场,也可以在场外市场流通。

(二)证券编码

俄罗斯市场上的证券识别码有以下几个:

一是国家注册编码。该编码由俄罗斯央行在发行阶段分配。该编码反映了证券类型和发行人的唯一编码。该编码的编码规则根据金融工具的类型而变。

二是 ISIN 码(国际证券识别编码)。所有可交易的证券都有 ISIN 码,由俄罗斯国家证券托管公司(NSD)作为俄罗斯国家编码机构(NNA)分配,在俄罗斯被普遍采用。此前的法律规定,发行人发行的每一种证券类型被分配一个 ISIN 码,现在则是每只发行的证券会被分配一个 ISIN 码。

三是金融工具分类代码(CFI)。外国金融工具需以 CFI 识别码和 ISIN 码作为识别码。这两种识别码都由 NSD 分配。

俄罗斯市场上还有一些其他识别码,包括交易所编码以及由本地托管人分配的内部编码。

(三)俄罗斯《中央证券托管机构法》

关于在俄罗斯市场实施单一中央证券托管机构(CSD)的问题经历了漫长的讨论,俄罗斯联邦最终在 2011 年 12 月颁布了《中央证券托管机构法》(第 414-FZ 号)。该法案于 2012 年 1 月 1 日正式实施。同年 11 月,NSD 正式获得 CSD 地位。到 2013 年 3 月,基本完成各类资产由分散托管向中央集中托管的转变。

该法确立了 CSD 的法律地位,也提出了具体经营要求,关键条款包括:CSD 应为非银行信用机构,并且是股份制公司;CSD 应设立用户委员会,监督其活动;资本金不得低于 40 亿卢布;CSD 应依据国际审计标准,至少每两年进行一次经营审计;所有公开市场交易都应只能在 CSD 进行结算,为俄罗斯证券市场带来结算最终性。

《中央证券托管机构法》的实施和 CSD 的确立有效提升了俄罗斯金融基础设施服务能力,被视为俄罗斯吸引国际投资者,建设国际金融中心的先决条件。

一是进一步降低交易成本,将原有按金额的一定比例收取登记费模式改为收取固定结算费。

二是广泛整合交易后环节,有效缩短结算周期。

三是简化结算流程,消除了通过多个系统托管结算的交叉重叠的杂乱状态。

四是通过"17f-7 资格"条款,向美元资金开放投资渠道。

五是由 NSD 提供一站式集中结算,降低风险。

六是独家赋予 NSD 在其他登记机构开立 CSD 名义持有账户(Nominee Accounts)的权利。

七是确保结算具有无条件、不可撤销的最终性,降低系统性风险。

八是可以为国外的证券所有者或中介机构提供代理服务。CSD 可为 ICSD 和外国 CSD 开立名义持有证券账户。合格 ICSD/CSD 名单见 2012 年 7 月联邦金融管理局(FFMS)第 12-65/pz-n 号令。根据第 415-FZ 号法案,除了为 CSD/ICSD 开户以外,俄罗斯托管机构还可为外国托管机构开立外国代理人账户。

九是推进无纸化进程,强制要求证券登记机构间实现国际标准组织定义的电子数据交互(EDI)方式。

(四)CSD 成立后的登记托管架构

俄罗斯的登记和中央托管职能是分离的。在俄罗斯有 39 个登记机构,它们是为发行人维护持有人名册的机构。在登记机构的簿记中,如果是"CSD 证券"(在 CSD 集中托管的证券),只有 CSD 可在登记机构开设名义持有证券账户;如果是"非 CSD 证券",CSD 和托管人均可在登记机构开设名义持有账户。国际投资者也可以在登记机构开设账户直接持有证券。

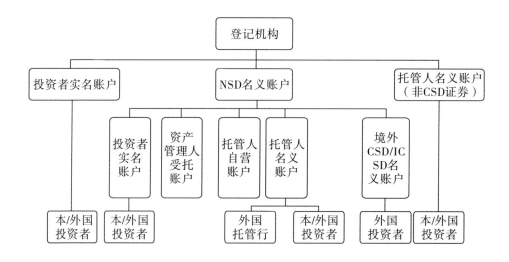

在 NSD 这一层簿记中,外国法人可在 NSD 直接开立自营账户;但外国托管人、个人客户不能直接在 NSD 开户。境内资产管理人在 NSD 持有受托账户。境内托管人在 NSD 开设自营账户后,可在 NSD 持有名义账户。欧清、明讯等国际中央证券托管机构(ICSD),境外 CSD 可在 NSD 开立名义持有账户。这些名义持有账户可以是混同账户,也可以是隔离账户。国际投资者可以自主选择在 NSD、境内托管人、境外 CSD、ICSD 托管。

(五)CSD 成立后的证券交易结算框架

俄罗斯对于可在全国性市场流通的证券,实现交易前台多元、集中清算可选、托管结算统一的基础设施体制。

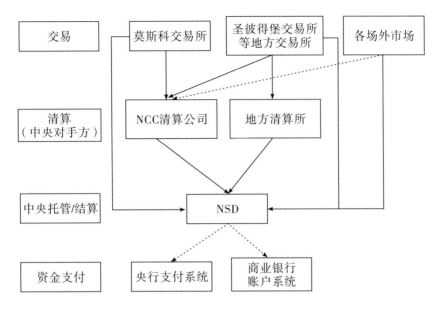

其中,证券结算可分为纯券过户(FOP)和券款对付(DVP)两种。因为比较简单,FOP 结算仍将在市场上保持较高的需求。

NSD 提供全套 DVP 券款对付结算服务,包括标准 DVP(央行货币 RTGS)以及可选的 DVP-1、DVP-2 或 DVP-3[①]。投资者完成交易后,若选择净额结算,则经过清算公司 NCC 轧差后,最终通过在 NSD 开立的证券和资金账户完成结算。对于资金交收,投资人可使用在 NSD 开立的银行账户,也可使用自己在俄罗斯或外国银行开立的银行账户。

俄罗斯资金清算系统由俄罗斯央行运营,包括批量支付系统和全额实时支付系统(RTGS)两个主要系统。其中,批量支付系统是俄罗斯最初建立的系统,覆盖所有的俄罗斯银行及其分支机构。系统通过轧差清算对批量指令完成结算,具体时间表如下:

---

① 分别是证券和资金均全额、证券全额和资金净额、证券和资金均净额。

场次	受理电子指令	处理电子指令	生成处理结果
1	10:00—11:00	11:00—12:00	12:00
2	11:15—14:00	14:00—15:00	15:00
3	14:15—16:00	16:00—17:00	17:00
4	16:15—18:00	18:00—20:00	20:00
5	19:00—21:00	21:00—22:00	22:00

RTGS 系统又称银行业电子快速支付系统（BESP），是覆盖全国的实时全额结算系统。俄罗斯央行的主要目标之一是确保 RTGS 功能和结算机制合理有效。该系统于 2007 年 10 月运行，2010 年被纳入莫斯科交易所的交易结算，目前信贷机构及其分支机构基本都是该系统成员，NSD 和俄罗斯联邦储蓄银行是最大的两家成员。该系统运行分为三个时间窗口：初始时间窗口 8:00—9:00，系统为本工作日做初始准备；常规时间窗口 9:00—21:00，主要接收和处理电子支付指令；最终时间窗口 21:00—21:30，主要进行日终处理和结算确认。

目前，俄罗斯绝大部分资金清算业务通过批量支付系统处理。RTGS 是近年实施的，目前处于推广完善阶段。但 RTGS 的交易量在稳步增长，并致力于达到国际标准。结算指令的报文格式正在不断优化，同时银行电子指令的统一报文格式正在更新，通过 SWIFT（环球同业银行电讯协会）与 RTGS 系统的交互接口正在实施推进。

二、俄罗斯国家证券托管公司（NSD）的业务发展情况

NSD 由俄罗斯中央银行和莫斯科银行间外汇交易所联合成立，成立于 1996 年，2012 年根据《中央证券托管机构法》成为俄罗斯的中央证券托管机构,是俄罗斯乃至独联体及东欧地区最大的托管结算机构。

（一）公司治理

NSD 属于莫斯科交易所集团,莫斯科交易所为 NSD 的控股股东,持有超过99%的股份。36 家少数股东持有其余不到1%的股份,持股份额虽然不多,但法律赋予他们相当多的权利,例如德意志银行和奥地利奥合银行代表小股东在 NSD 董事局中拥有席位。

NSD 董事局目前由 15 位董事组成,其中包括 5 名独立董事。董事局下设预算、审计、提名与薪酬、技术策略与开发四个委员会。另设立多个客户事务委员会,如:质量控制与风险管理、托管结算与关税事务、登记机构与托管机构关系、交易数据库服务、支付代理风险管理事务等。欧清、明讯、巴克莱资本、花旗等 13 家小股东均派代表参与。

联邦金融市场服务局(FFMS)2012 年 11 月第 12-2761/PZ-I 号令,授予 NSD 的 CSD 地位。俄罗斯央行 2009 年 2 月颁发第 177-12042-000100 号证券市场专业参与者许可证,批准 NSD 从事托管业务;2012 年 7 月颁发第 3294 号许可证,批准 NSD 从事银行业务;同年 12 月颁发第 077-00004-000010 号许可证,批准 NSD 从事结算业务。

（二）业务职能

作为法定的系统重要性金融基础设施,NSD 全面承担系统重要性 CSD、结算机构和交易数据库等职能,并运营国家级系统重要性支付系统。NSD 可以为场内和场外客户提供广泛的银行和托管、信息等服务,并在俄罗斯监管部门组建的多项工作组中担负重要职责。其主要职能包括:

一是作为中央托管机构,负责场内外市场交易的结算、托管、公司行为处理、税务代理服务等。截至 2015 年 4 月底,托管各类证券 27.8 万亿卢布(约合 5400 亿美元),开立托管账户 3675 个。2015 年前 4 个月,办理证券交易结算 76.3 万亿卢布(约合 1.5 万亿美元)。

根据俄罗斯税法,NSD 在支付债券相关收入时作为税务代扣代缴人,计算、代扣和支付俄罗斯联邦公司税和个人所得税。NSD 在支付证券收入给外资机构或境外代理机构的时候以及向俄罗斯机构的名义持有账户支付利息/股息收入的时候,也扮演着税务代扣代缴人的角色。

境内外机构作为债券最终持有人,享受债券免税优惠政策的,需要向 NSD 提供证明其可以享受上述权利的相关文件。但境外名义证券持有人只需向 NSD 提交一份简易的税务披露声明,而不需要提交任何确认债券实际持有人(受益人)权利的文件,就可以享受到税务免除或退还的权利。在双重税收条约(目前俄罗斯与 79 个国家签订了双重征税协定,即 DTT)下,标准税率可能会降低。以下税率适用俄罗斯债券市场的一般境外投资者:

收入类型	税率
股息	15%
国债、地方政府债利息	0%
企业债利息收入: 法人机构 个人	20%(资产支持证券为 15%) 30%
资本利得	0%

二是作为支付服务机构,负责提供资金结算服务、外汇汇兑服务、根据授权进行外汇监控、资金账户维护等服务。NSD 是持有资金支付执照的非银行信用机构。俄罗斯央行授予 NSD 支付系统运营商地位,其登记名称为"NSD 支付系统"。2015 年前 4 个月,办理资金交易 33.1 万笔,106.1 万亿卢布(约 2 万亿美元)。资金结算账户包括 NSD 资金账户(卢

布、美元和欧元)和外国银行(花旗银行、摩根大通银行、德意志银行)美元资金账户,操作所有结算模式(DVP-1、2、3)。截至2014年底,经外国银行与NSD的美元交易金额达到1.5万亿卢布。NSD正研究通过亚洲银行进行亚洲货币结算。

发展DVP是NSD的关键要务之一,NSD制定了以发展DVP为目标的主要措施:2014年推行电子匹配和交收服务;目前正扩大标准DVP方案,即使用"央行货币"的RTGS结算;并在外汇管理便利化与征税方面,与监管机构协商政策。

三是提供清算及三方担保品管理服务。2013年NSD引入了一项旗舰业务,即为与俄罗斯央行进行的场外交易提供担保品管理支持,使得央行能通过与商业银行的回购交易,向银行系统注入流动性。下一步是为两家商业银行之间的场内和场外回购交易提供支持;提供新的担保品管理工具,使得市场参与者能利用证券篮子的优势,进行场外交易商之间的交易。2015年前4个月,担保品管理金额12.3万亿卢布(约合2300多亿美元)。

四是提供场外衍生品交易登记服务。NSD在2013年将交易信息库(TR)业务引入俄罗斯市场。法律要求市场参与者从2013年11月起,向TR报告所有场外回购合同和外汇掉期合同,从2015年10月起,报告所有衍生品交易。目前,俄罗斯有两个交易信息库,但大多数合同都是向NSD报告。2014年,俄罗斯央行认可NSD是系统重要性TR。截至2015年3月底,登记交易价值125.2万亿卢布(约合2.4万亿美元)。

五是作为企业信息中心,提供有关俄罗斯证券、公司行为管理以及国际证券编码(ISIN)、金融工具代码(CFI)、全球法人机构代码(LEI)等代码的集中核实信息,并且是估值中心。

NSD 发展计划中重要一项是以国际标准作参考,促进俄罗斯市场上公司行为的改革。常见的公司行为包括:强制型(如股利分配;利息支付;部分或全部赎回;可转债;股票合并;分拆)和自愿型(如股东大会/代理投票;优先发行;看跌期权;股权收购;回售)。公司行为的信息传递是根据托管链条进行的,即从发行人自上而下发出通知,再从投资者自下而上进行指令。

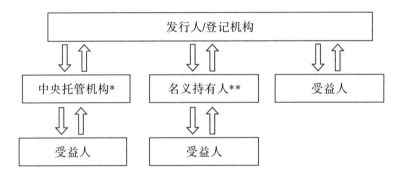

注:＊对于 CSD 合格证券;＊＊对于非 CSD 合格证券

此前,俄罗斯债券市场没有关于公司信息的集中发布地,境内托管人和投资者从发行人、注册人、中央托管机构和信息商处获取公司行为的相关信息。此外,俄罗斯债券市场没有除权日的概念,符合参与公司行为条件的债券持有人在记录日当天就决定了。为克服现有程序的低效率和高成本问题,NSD 建立了一个公司行为市场实践小组,成员包括 NSD、证券交易所、分托管机构、注册机构和发行人,2014 年制订改革蓝图,并于2015 年 6 月通过"公司行为改革"修订法确认下来。其目标模型是:强制要求债券发行人用 ISO 20022 标准消息格式发布公司信息。为与国际标准保持一致,发布信息的首要标准是无纸化。为了保证最准确的公司行为信息的及时发布,NSD集中收集每一家公司行为信息,因此能最大限度地减少分托管机构或其他中间商从各种渠道搜集和核对公司行为信息的负担。信息交换格式如下:

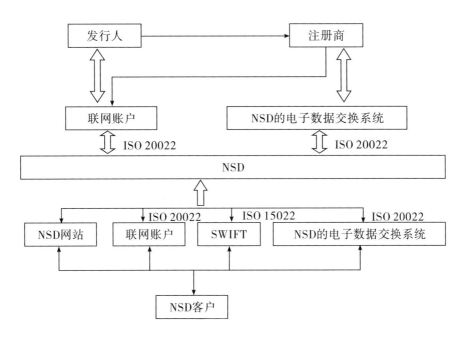

六是其他信息服务。NSD是俄罗斯的证券编码机构,还是独联体国家的代理证券编码机构;负责运营全球法人机构识别码体系(LEI)的本地运营系统(LOU),担负机构代码派发职责;负责维护与登记机构的电子数据交互系统;提供与SWIFT的接入服务。

近期NSD业务发展的关键领域如下:

	2015 年	2016 年
中央托管机构	实现电子匹配功能,通过 NSD 在国际托管机构开立的账户开始代理证券结算	推出基金结算平台

	2015 年	2016 年
支付服务机构	深化外汇汇兑服务,全面实现场外交易的实时全额 DVP 结算	提供日终结算融资的代理服务,推出资金净额结算。
清算&三方服务	深化清算成员的双边回购,通过担保品管理系统处理做市商之间的篮子回购(以指定篮子券种为担保的回购),以及交易所市场以美元计价的篮子回购与国际托管机构合作进行证券借贷	提供俄罗斯市场的代理证券借贷服务,与国际托管机构合作的三方回购,将其担保品池与俄罗斯中央对手方(清算公司 NCC)直联,拓展场外衍生品市场的担保品管理
公司信息中心	自动化投票系统和自动化公司行为处理系统的技术开发取得公司信息中心的官方地位	100%实现信息直通式处理集中提供欧亚中央托管协会(AECSD)证券市场信息
交易数据库	对所有场外衍生品交易实行强制报告制度启用 LEI 编码开展场外银行间回购业务	引入单一交易编码(UTI)提供相关信息服务

(三)风险管理

作为核心基础设施,NSD 被认定为多个领域的系统重要性机构,高度重视风险管理,主要采取以下措施:

一是强化灾备建设。对生产系统和储存系统采取现场双机热备。建设远程备份生产中心。在生产中心和备份中心之间多路光纤备份通信,采用先进的 UPS 稳压电源和准入控制系统。

二是强化测试。加强软件测试。定期对结算等操作连续性进行测试。

三是强化标准合规。符合《1940 年投资公司法》第 17f-7 条对"合格证券托管机构"的规定。满足业务可持续管理标准(BS 25999)、国际审计理事会标准(ISAE3402,前身是 SAS70 审计标准)等标准的合规要求。

四是进行国际评估。通过了国际中央托管机构评级机构(Thomas Murray)的评级,整体为 AA-级(良好级,目前最高的为 AA),涵盖资产的市场风险、流动性风险、对手方风险、财务风险、操作风险、资产服务风险、资产安全性、治理及透明度等内容。

五是购买外部保险。向俄罗斯主要保险公司之一投保,对银行业活动涉及的业务操作和财产风险进行了多种保障,保额为 6500 万美元。

(四)跨境业务

根据《中央托管机构法》,外国投资者可以选择通过欧清、明讯等国际托管机构(ICSD)、或者境外 CSD、或者俄罗斯境内 562 家合格专业托管人进入俄罗斯市场。目前,外国投资者主要通过 ICSD 持有,超过 99%;投资品种以国债为主,占 17.45%,其他债券占 0.01%,股票及俄罗斯存托凭证占 0.15%。如图所示,外国投资者通过名义账户持有的俄罗斯联邦政府债券(OFZ)份额在 20%左右。

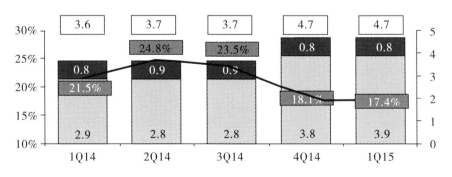

境外名义账户的俄罗斯联邦政府债券份额图(万亿卢布)

近年来,NSD 积极构建区域枢纽,为全球投资者提供便利投资渠道。NSD 致力于连接独联体和欧亚中央托管机构,希望成为外国投资者投资俄罗斯及独联体国家的门户。为此,其采取夯实本地法律、监管政策、完善治理结构、简化独联体证券市场的准入等一系列措施,与 6 个独联体国家建立了互联。目前,NSD 在境外 8 个 CSD 和 2 个 ICSD 处开立了账户,另外在一些外国以及俄罗斯最大的银行也开立了对应账户,为 40 多个国家的证券发行商提供证券托管服务。①

NSD 积极参与亚洲地区的国际合作。NSD 已经与日本、韩国、中国香港、蒙古、印度、土耳其等国家和地区签订了谅解备忘录,新近与我公司签署备忘录。2013 年以来,积极参与亚洲的国际交流会议(如 ACG 会议、SIBOS 会议、国际金融会议等)。NSD 设想与亚洲 CSD 互联,有潜力的国家和地区有中国内地、中国香港、新加坡、日本、韩国、越南等。

三、主要启示

(一)战略推动市场基础设施的整合

俄罗斯高度重视中央托管机构建设,虽然面临不少阻力,但是从战略上将建立单一证券托管机构作为提供基础设施服务竞争力,建设国际金融中心的先决条件。在这一认识下,俄罗斯不遗余力推动证券中央托管机构整合,在推动市场自发层面整合(七个大区 CSD 逐步归并为两个)的基础上,最终通过立法层面完成了中央托管机构的统一。为了完善 NSD

---

① NSD 开立多币种资金账户,包括:在工银香港开立美元、港币账户,在工行莫斯科分行开立人民币账户;在欧清银行开立美元、欧元、韩元、卢布、港币、加拿大元、日元、人民币、澳元、GBP、NOK 等账户;在明讯银行开立美元、欧元、韩元、卢布、GBP、人民币等账户;在哈萨克斯坦中央银行开立当地货币账户。

的功能,还授予了 NSD 支付机构、信息中心、交易数据库等多项功能;为支持 NSD 的跨境业务发展,又允许境外中央托管机构与其跨境互联。为了保证单一中央托管机构的效率,立法规范了中央托管机构的治理要求,即通过股权分散、董事会和用户委员会等设置,促进所有者和使用者的一致。为了体现中央对手方功能的风险承担相对独立性,保留了国家清算公司(NCC)作为全国性市场的中央对手方,此外还保留了若干地方交易所的清算中心。

中俄同为发展中大国,俄罗斯的上述做法给予我们重要借鉴和丰富启迪。一是战略层面提高对托管结算基础设施地位和作用的认识,并且从立法、规章等各个层次加以贯彻。二是加强债券基础设施整合。进入 21 世纪,一个国家有三个以上 CSD 的国家屈指可数,且只有中、俄、印三个发展中大国是这样。现在,俄罗斯幡然醒悟,毅然实现 CSD 统一。中国必须迎头赶上,毫不犹豫毫不动摇地加快基础设施整合,为建设统一债券市场,提供经济竞争力服务。远期应推动基础设施集团化建设。三是在统一 CSD 时,完全可以通过完善治理的方式提高效率,这也是国际主流实践和国际证券结算标准所推荐的做法。

(二)全面推进基础设施国际化战略

俄罗斯确定了国际化战略的核心目标是:建设成为区域枢纽,为全球投资者提供便利投资渠道。从推进策略上表现出鲜明的"双头鹰"特征和重点,即一方面面向西方,重点是通过欧清、明讯等 ICSD 连接欧洲门户,另一方面与亚洲 CSD 发展直联,并以独联体国家为经济腹地,先期与该区域 CSD 互联。NSD 还聘请前明讯总裁等一批国际托管机构专家担任顾问,致力于以国际标准打造开放、高效、有竞争力的金融基础设施平台。

在具体推进措施上是大力推进行业标准国际化、技术标准国际化、合规标准国际化。

相比而言,我国推进国际化战略存在一定的差距。一是基础设施呈现碎片化,多头对外,国际化战略的整体目标不清晰,重复建设和无序无规则竞争的现象突出。二是开放区域重点不明确。亚洲是我们的腹地,应当成为互联的重点,近期可积极推动与韩国、中国香港的 CSD 互联项目;ICSD 是我们连接发达市场的重要渠道。我们应当借助亚投行、金砖新开行、上海合作组织、东盟 10+3 等国家项目平台,充分营造金融基础设施互联互通的有利环境,并且扎实推进。

(三)发展多元化的基础设施功能

NSD 作为单一 CSD 具有十分重要的政策优势,在具体业务功能上也有一定的特色。在结算传统服务基础上,托管方面发展了税收代理服务,发展了三方担保品管理服务,引入多样化的回购机制;结算方面建设了能够支撑多个币种、适应客户选择央行或商业银行资金支付、全额净额并存的结算系统,推出了代理日终结算融资,防范流动性风险的服务等。这些功能日益成为国际 CSD 的标配服务,值得我们借鉴。

挪威、瑞典债券市场基础设施研究

刘成相　吴方伟　吕晓明　刘铁峰　范瑞星

一、欧清瑞典的运作情况

(一)公司历史及组织情况

欧清集团由欧清银行(EUROCLEAR BANK SA/NV,在香港有分行BRANCH)、欧清英国和爱尔兰(EUROCLEAR UK&IRELAND)、欧清法国(EUROCLEAR FRANCE SA)、欧清荷兰(EUROCLEAR NETHERLANDS)、欧清比利时(EUROCLEAR BELGIUM)、数据库公司(XTRATOR)、欧清瑞典(EUROCLEAR SWEDEN)、欧清芬兰(EUROCLEAR FINLANDS)等组成。欧清集团如图1所示:

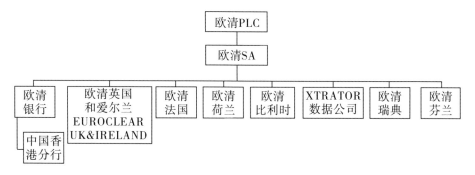

图1　欧清集团组成

欧清瑞典作为欧清集团的一家子公司,最早成立于1971年,当时称作VARDEPAPPERSCENTRALEN VPC AB。该公司于1989年建立VPC系统,2000年推出服务账户(SERVICE ACCOUNT),2003年推出新的清算和结算系统。2004年,该公司和芬兰中央托管机构(APK)合并,组成北欧中央证券托管公司(NCSD)。2008年,欧清收购了NCSD,并重组为其瑞典和芬兰子公司。

欧清瑞典作为一家中央托管机构(CSD),受瑞典金融监管当局(THE SWEDISH FINANCIAL SUPERVISORY)监管。在瑞典市场,欧清瑞典是事实上唯一的中央托管机构。据介绍,瑞典原来有法律(1989:827)指定或授权某家机构为唯一的CSD,但后来该法被新法(1998:1479)所取代[①]。

欧清瑞典约有70名雇员。公司下设五个部门,分别是风险管理(RISK MANAGEMENT)、法律事务(LEGAL&COMPLIANCE)、人力(HR)、商业(COMMERCIAL)和财政(FINANCE)。在财政下又设零售、产品管理、交易管理、供应管理等几个部门。人数最多的部门是交易管理部(TRANSACTION MANAGEMENT),大约35人,该部门负责对客户的所有服务,包括债务和结构性产品(DEBT&STRUCTURED PRODUCTS)、股票和跨境服务(EQUITY&CROSS BORDER)、结算和资产服务(SETTLEMENT&ASSETS SERVICES)、发行服务(ISSUER SERVICES)。欧清瑞典部门结构如图2所示:

---

① 在1989年瑞典发布的关于证券登记的法律(1989:827)中,欧清瑞典的前身VPC公司被明确指定为中央托管机构。1998年,该法律被新发布的"金融工具账户法案"(1998:1479)替代。新法律中,VPC公司不再被特别指定为唯一中央托管机构。作为补充,瑞典还在1999年发布了"金融市场结算系统法案"(1999:1309),规定了证券结算系统中的中央托管机构的系统设立、运营商要求等基本内容,以符合欧洲"结算最终性指引"等要求。

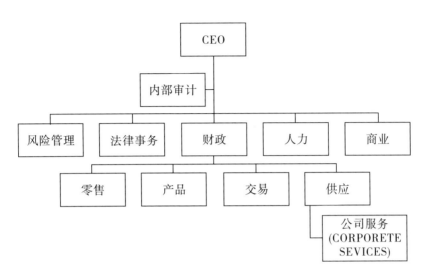

图 2 欧清瑞典部门结构图

(二)业务开展情况

1. 账户及托管

欧清瑞典提供两种基本方式的账户,即所有者账户(AN OWNER AC-COUNT)和名义持有人账户(NOMINEE ACCOUNT,A CUSTODY ACCOUNT WITH A NOMINEE)。还有一种账户称为服务账户(SERVICE ACCOUNT),大约有 120 万个,提供的服务包括支付(PAYMENTS)、权利分派(DISTRIBUTION OF RIGHTS)、收入报告(INCOME STATEMENT)、电子确认(ELECTRONIC NOTIFICATIONS)、年报(DISTRIBUTION OF ANNUAL STATEMENTS)。规模经济和分担成本是中介机构使用服务账户的主要动机。服务账户可用来作为持有者账户的补充或替代。上述账户结构如图 3 所示:

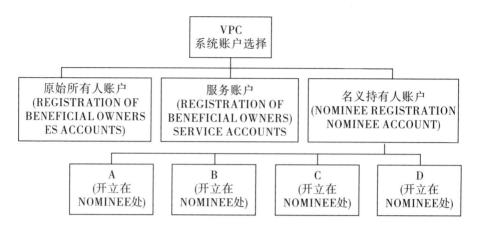

图 3　欧清瑞典的账户结构

除了提供不同类型的账户选择外,欧清瑞典的账户服务内容还包括确认(NOTIFICATIONS)、名义持有人报告(NOMINEE REPORTING)、向税务部门的报告(WITHHOLDING,PAYMENT AND REPORTING TO TAX AUTHORRITIES)、QI REPORTING 等。

据了解,目前欧清瑞典共有 NOMINEE 机构 32 家,账户操作机构(ACCOUNT OPERATORS)46 家。原始持有人账户有 300 万户,其中 240 万户左右有股票或债券余额,60 万户为空户。

从账户体系设计来看,欧清瑞典实行的是两级托管体制,即一级托管和二级托管相结合的体制。一级账户持有人(即原始持有人)通过 46 家账户操作机构在欧清瑞典开立账户,二级账户持有人在二级托管人(即 NOMINEE)处开立账户。欧清实行两级托管体制,实际上是适应了其既托管股票同时又托管债券的现实情况。

2. 发行

从债券市场角度,欧清瑞典提供结构化产品(STRUCTURED PROD-UCTS)和债务相关债券(DEBT RELATED SECURITIES)的发行和结算服务,大约有 250 家发行人在欧清登记,其中 200 家国内发行人,50 家外国发行人。可接受的货币有瑞典克朗和欧元。

欧清瑞典登记的合格债券有:固定利率或浮动利率债券;次级公司债券(SUBPRDINATED DEBENTURES);零息债券;抽奖债券(PREMIUM LOTTERY BOND)。合格的货币市场工具有:国库券;抵押证明(MORT-GAGE CERTIFICATES);商业票据;市政票据(MUNICIPAL CERTIFI-CATES);银行票据(BANK CERTIFICATES)。

大约有 1600 只债券或货币市场工具在欧清瑞典的系统发行。托管余额(OUTSTANDING VOLUME)有 24150 亿元瑞典克朗(90%是债券)和 15 亿元欧元(绝大部分是债券)。

抽奖债券是瑞典市场的零售品种,是瑞典国债管理局(NATIONAL DEBT OFFICE)①发行、面向广大投资者的一个储蓄品种,该品种不支付利息,但可以抽奖。

国内政府债券主要通过招标拍卖的方式发行,一级交易商通过与国债管理局签订协议参与投标。政府债券的交易主要在场外市场进行,方式包括:电话交易、电子交易和委托经纪商代理等等。瑞典国债管理局的市场操作策略为:通过发行大量的、流动性强的基准债券促进市场的发展。主要发行的券种包括:普通债券、与通胀指数挂钩债券和短期债券(T

---

① 国债管理局属于政府序列中一个独立的权力机构,业务上受财政部的指导。国债管理局的三个主要职能为:中央政府债务管理、国库现金管理、政府债务担保。与丹麦相似,瑞典的中央银行也不属于政府机构序列,而是议会领导下的一个独立的权力机构。目前,央行已从政府债券管理领域淡出,只是每年对国债管理局提交的年度筹资预案发表意见。瑞典政府债务管理的总体目标是通过议会立法形式确立的,即:在充分考虑风险和货币政策需要的前提下,实现长期筹资成本的最小化。在总体目标框架内,国债管理局每年负责起草年度筹资预案,在征求了央行的意见后,报财政部提交政府内阁最终审定、执行。财政部每年对国债管理局上一年度政府债务管理的执行情况进行评估,并将评估结果提交政府内阁和国会审定。

-bills)。普通债券的发行量反映了长期资金需求;短期债券的发行量反映了季节性资金需求;与通胀指数挂钩债券的发行量依据市场需求状况而定。政府债券的发行通常每两周一次,均通过拍卖方式向一级交易商发行。根据市场需要,国债管理局随时通过与一级交易商进行回购交易,为市场提供流动性,防止市场价格扭曲。在一个功能完善的回购市场的支持下,瑞典的普通债券市场尽管规模不大,但流动性很强。瑞典国债管理局追求一种公开、透明且可以预期的市场筹资策略。每年2月、6月、11月份国债管理局编制《政府筹资:预测与分析》,用以向社会公开政府近期的筹资需求和筹资方式,更多更详细的市场信息则通过网站及时向社会发布。[①]

3. 结算

欧清瑞典VPC系统支持不同种类债券、股票、现金工具(INTEREST-BEARING CASH INSTRUMENTS)以及衍生工具。具有如下特点:符合国际市场最高标准的DVP结算;可选实时结算;现代的匹配功能;跨境交易结算;使用央行货币支付;可选用商业银行货币支付;高效担保品管理和担保品自助服务;优化功能以最大限度地减少流动性需求。

欧清瑞典主要目标是长期提供低风险和低成本的清算和结算服务,包括:参与者准入(AFFILIATION OF PARTICIPANTS)、在VPC系统进行结算和支付操作、对清算会员(CLEARING MEMBERS)和账户操作机构(ACCOUNT OPERATORS)进行培训和监督、客户管理等。

欧清瑞典的结算系统最早是应股票市场而建立,1989年投入运行。2003年当固定收益市场划分出来时,又复制了另外一个系统以适应固定

---

① 此段援引于网络。

收益市场的特点,以及满足监管当局和市场参与者对系统间应有防火墙的需要。从那时起,不同系统间的结算规则相互协调,拟定的长期目标是将所有证券的结算全部在一个系统中进行,并适用一整套规则。然而,结算系统仍根据功能上的些许差别分为两个部分,即 AM(股票和零售固定收益市场)和 PM(机构固定收益市场)两个分市场部分。在 AM 分市场部分,主要是满足在交易所上市的股票的清算和结算;在 PM 分市场部分,主要是满足机构投资者对固定收益债券的清算和结算。

欧清瑞典结算系统的结算依据是国际清算银行巴塞尔一(BIS MODEL i),实行全额结算(GROSS SETTLEMENT),在结算日期间,指令实时检查后标记"准备结算"(READY TO SETTLE),然后在固定时点进行结算,称之为"指定时间全额结算"(DESIGNATED TIME GROSS SETTLEMENT,DTGS)。在 DTGS 过程中,系统要检查每个指令的券足和款足情况。系统设定一天中的结算为几个结算周期,以高效适应与其他清算结算系统的连接,同时也保证日终时最大程度的结算比率。系统也同时提供 RTGS 结算。

在 AM 部分,实行中央对手方净额结算(CCP)。欧清瑞典系统的结算时间如下表所示:据介绍,欧清瑞典结算量大体为:债券每天 1500 笔,3000 万亿(SEK);股票每天 35000 笔,350 万亿(SEK)。

表 1　欧清瑞典结算时间

AM SUB-MARKET:CCP						
	7AM	8AM	10AM	12AM	2PM	5PM
			第一次	第二次	第三次	第四次
PM SUB-MARKET:DTGS/RTGS						
			第一次	第二次	第三次	第四次	第五次

4. 其他

欧清瑞典还提供其他有竞争力的附加服务,比如:证券信息;持有人信息和持有人分析(OWNER INFORMATION& OWNER ANALYSIS)以及广泛的会议服务(MEETING SERVICE)。

对于持有人信息,发行人一般会在发行时明确是否公开,其中25%的发行可以查询,75%的发行不公开持有人信息,国债一般不公开持有人信息。对于会议服务,主要包括投资者债权确认、会议通知和组织、基础设施提供等。

目前在瑞典市场,对结构化产品和权证的需求很高;既有国内发行人,也有外国发行人;公司债券发行量上升;高收益债券也很普遍;ETFS的外国发行人进入市场;建立了新的跨境交易渠道。

二、斯德哥尔摩交易所的运作情况

(一)纳斯达克-OMX集团(NASDAQ OMX)

NASDAQ 是美国最大的证券交易所,处理的股票与上市公司比任何其他美国证券交易所都多。对于上市公司和投资者来说,NASDAQ 的开放和创新市场平台是他们的首选。

2007 年 5 月,NASDAQ 并购瑞典 OMX 集团,新集团命名为纳斯达克-OMX 集团(NASDAQ OMX Group),由纳斯达克的格赖费尔德出任 CEO,OMX 的博克尔担任总裁,并由双方派出的代表共同经营。在新集团董事会 15 名成员中,9 人来自纳斯达克,5 人来自 OMX。NASDAQ OMX Group 结合了两家高度互补的企业,并将 NASDAQ 的品牌、电子交易平台和以客户为中心的业绩与 OMX 的全球技术服务平台和客户基础、Nordic Exchange、衍生能力与跨境交易一体化统一在一起。纳斯达克-OMX 集团在美国纳斯达克上市,是标普 500 的一个部分。NASDAQ-OMX 集团拥有 39 个国家的大约 4000 家上市公司,市场总资本大约为 5.5 万亿美元(37.6万亿 SEK)。

在创造真正一体化的跨境股票市场方面,OMX 一直是先驱。OMX 还创造了全球著名的证券、债券、衍生产品交易所客户基础,拥有世界范围内包括中国香港、新加坡、澳大利亚和美国在内的 50 个国家或地区的 60 个客户。NASDAQ 是电子交易的先驱,在过去 30 年里不断创新,现拥有美国最快速、最高效的交易平台。美国《商业周刊》指出,OMX 集团在欧洲地区控制着瑞典、丹麦、冰岛、芬兰、立陶宛、爱沙尼亚和拉脱维亚等国的股票交易市场,并与挪威股票交易所实现了跨地区合作。目前,欧洲各大交易所、香港证券交易所、新加坡证券交易所以及纽约的国际证券交易所全部采用 OMX 集团的软件系统。

(二)瑞典交易平台

据介绍,在瑞典,股票交易所有两家,即 NASDAQ OMX 和 NORDIC GROWTH MARKER NGM(类似中国的中小板),还有四家多边交易设施,即 BURGUNDY,AKTIETOURGET,CHI-X,TURQUOISE。

（三）瑞典交易、清算、结算体制

在 NASDAQ OMX 集团下有单独一家清算所（CLEARING HOUSE），专门从事衍生品的 CCP 清算服务。对于不同的证券品种，其交易场所和结算模式也不尽相同，如表 2 所示：

表 2　瑞典证券的交易与结算一览

证券品种				
证券品种	政府证券（GOVERNMENT BENCHMARK BONDS）	所有的固定收益工具（BONDS、MONEY MARKET INSTR.）	固定收益衍生品（STANDARDISED FIXED INCOME DERIVATIVE）d 股票	（MOST LIQUID）	所有股票（ALL EQUITIES）
交易场所	电话/NASDAQ OMS	电话/INDICATIVE PRICES VIS NASDAQ OMS	大部分电话/INDICATIVE PRICES VIS NASDAQ OMS	NASDAQ OMX（类似中国的主板市场）或四家多边交易设施	电子系统（NASDAQ OPMX, BURGUNDY），场外电话
有无CCP机制	无	无	NASDAQ OMX	EMCF（2012 年增加 X-CLEAR、LCH AND EUROCCP）	无
结算地点	欧清瑞典	欧清瑞典	欧清瑞典	欧清瑞典	欧清瑞典

三、奥斯陆交易所及 VPS 集团的运作情况

（一）集团基本情况

1. 公司历史及架构

2007 年 11 月，奥斯陆交易所（Oslo B.rs Holding）和中央托管机构（VPS Holding）两家公司合并而成奥斯陆交易所及 VPS 集团（OSLO BORS VPS）。该集团拥有奥斯陆交易所（Oslo B.rs ASA）、中央托管机构（VPS

ASA)、奥斯陆清算公司(Oslo Clearing ASA)和奥斯陆市场方案公司(Oslo Market Solutions ASA)等几家公司的全部股权。集团提供证券的上市和交易、所有权注册、挪威证券的清算和结算以及市场数据和在线解决方案等方面的服务。集团结构如图4所示。

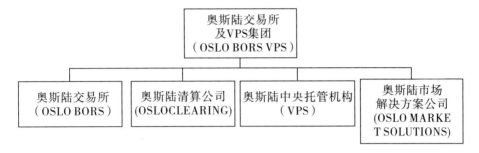

图4 挪威证券市场组织结构

VPS 成立于 1985 年,被挪威金融监管局(THE NUOWEGIAN FINAN-CIAL SUPERVISORY)授权为金融工具(FINANCIAL INSTURMENT)进行登记①。VPS 通过提供账户、结算和其他服务帮助公司和投资者筹集资本、监控其投资、安全登记和交易。其业务范围大致分为四个部分:发行服务,清算和结算服务,共同基金服务,投资者服务。

2. 竞争和挑战

2010 年,集团在股票上市和交易方面受到了市场竞争的冲击,全年新上市公司只有区区 20 家,然而在固定收益产品上市数量上却创下了新纪录。2011 年上半年,上市公司通过股票和固定收益产品筹资都较为容易。专业投资者对于实时数据的需求也有一定增长。

绝大多数挪威公司都将在奥斯陆交易所上市作为理所当然的选择。

---

① 2002 年,挪威发布了包含中央托管机构法律框架的"挪威证券登记法案"。新法案引入了执照机制,即一家或几家机构可以申请在挪威担任中央托管机构的公共执照。但目前只有 VPS 一家机构申请并持有执照。

此外,奥斯陆交易所在能源、水产、海洋船务等行业的国际地位较稳固,并不断采取措施吸引这些行业的国际公司来上市,并就此与新加坡交易所和多伦多交易所开展协议合作,促使在这些交易所上市的相关行业公司在奥斯陆交易所二次上市,并通过 VPS 进行证券登记和结算。

奥斯陆交易所还与伦敦证交所建立了战略伙伴关系,在衍生品领域与 Turquoise 公司合作使用 SOLA 交易系统。奥斯陆交易所还在股票和固定收益交易方面使用由伦敦证交所开发的 TradElect 系统,与其是战略合作伙伴关系。

集团未来面临的重大挑战是保持上市证券的流动性。其他交易场所的出现使得集团很难保持其现有市场份额。然而,奥斯陆交易所将继续作为挪威证券上市的主要市场,证券登记和结算也将主要通过 VPS 进行。从长期来看,市场份额降低的负面影响有可能被交易量整体增加削弱。

2010 年 6 月,集团对股票交易开始实行中央对手方清算,这使结算量和结算收入大幅降低,达到 78% 的比例。目前,欧洲央行正在依据证券化指引,筹建一个部门,希望在 5 到 7 年内实现欧洲范围内的统一托管,这对集团来说是个大的挑战。

除此之外,欧洲还要推出关于 CSD 的新指引,鼓励竞争。

3. 收入情况

据介绍,该公司收入 237.1 百万 NOK。利润 90.5 百万 NOK。税后收益 69.5 百万 NOK。每股盈余 1.62NOK。

(二)挪威证券市场

1. 上市场所和上市品种

在挪威市场上,不同的上市品种有不同的上市场所。如表 3 所示:

表3 挪威证券市场的上市场所和品种

OSLO AXESS （类似我国创业板）	OSLO BORS （类似我国主板市场）	OSLO ABM （类似上交所固定收益平台）
股票（EQUITIES）	股票（EQUITIES） 股票证明 （EQUITY CERTIFICATES） ETFS AND ETNS 衍生品和权证 债券（BONDS）	债券（BONDS）
		市场数据 MARKET DATA

从表3可以看出，对于债券而言，其既可以在交易所上市交易，也以在交易所内部单设的一个平台（ABM）交易。

OSLO BORS 采用的交易系统称为 TradElect 系统，建立于2010年，由伦敦交易所开发。但有计划由伦敦交易所的一家子公司 MILLENNIUM 开发新一代系统，代替 TradElect 系统。

VPS 的发行人有1338家，有1297个共同基金，发行2056只债券，371只票据（CERTIFICATES），市场价值（MARKET VALUE）为4万亿 NOK。

2. VPS 的账户设置

VPS 采用与瑞典欧清相似的账户体系，即原始投资者账户（BENEF-ICAIL ACCOUNT）和名义持有人账户（OMNIBUS ACCOUNT）。前者由国内投资者在国内证券上（不包括债券）强制性使用，由投资者代理人（A-GENT）操作，有股东会议投票权；后者由托管机构持有，对于外国投资者在国内证券市场和国内投资者在债券市场上使用，由投资者代理人操作，没有股东投票权，需要金融监管当局的批准。如图5所示：

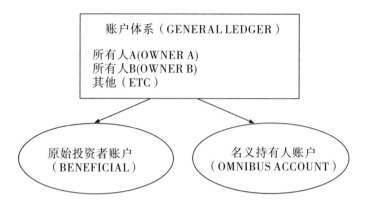

图 5　VPS 的账户设置体系

VPS 有 150 家账户操作者,主要是银行,有 104 家结算参与者(SET-TLEMENT PARTICIPANTS),主要是经纪商和银行,还有 30 家基金管理者(FUND MANAGERS)。有 170 万个账户。

VPS 的客户群体包括银行、经纪商、结算参与人、基金管理者等。这些客户使用 VPS 系统向超过 100 万的开户者提供服务。

四、挪威证券交易商协会简介

挪威证券交易商协会(NSDA)在 1978 年由挪威股票交易所交易商协会和挪威国家股票交易商协会合并而成,是挪威最古老的行业协会之一。挪威股票交易所交易商协会在 1915 年建立,曾承担奥斯陆交易所股价发布委员会的职能。挪威国家股票交易商协会在 1918 年建立,曾由 17 家本地基金和股票交易商协会组成。

挪威证券交易商协会是为挪威投资公司服务的全国性行业组织,主要工作领域之一是在法律设定的框架内进行自律监管,意在促进挪威证券和其他金融工具的有序、安全交易。协会的愿景是让投资公司成为在竞争框架下开展业务的过程中,能在客户和管理者间达成尊重和信任的盈利性公司。此外,希望投资公司能成为吸引高度合格人才工作的地方。协会目前只有 4 个员工。

协会的主要任务包括:为会员业务提供建议、信息和其他帮助;起草行业规范标准,建立行业建议、标准合约、商业条款等;准备上诉书并交道德委员会裁决;为会员公司雇员提供认证项目培训和组织考试;为行业和会员公司准备统计数据和相关信息。

协会发布的规范分为两种:建议和标准。行业标准由执委会在与会员公司协商后发布,各家会员公司必须遵守。行业建议由协会执委会决定,会员公司被强烈建议遵守。

目前,协会有 38 家一般会员和 3 家准会员。只有一般会员能够在协会中投票,或者向协会执委会派出代表。

五、小结

通过对北欧四家机构及债券市场的研究,可以了解到中央托管机构在欧洲发展的现状和动向:

首先,中央托管机构间不断朝着经济一体化、市场统一化的方向整合。随着经济的发展,各国贸易往来更加频繁,欧盟的建立、欧元区的设立,更加促进了市场的统一性,客观上要求金融基础设施必须跟上市场一体化的发展。从瑞典市场看,其原来的中央托管机构最初是和芬兰中央托管机构合并,后来合并后的公司又被欧清收购,原来的两家独立的公司分别被重组为欧清在瑞典和芬兰的子公司。这种整合可以称为托管机构之间的整合,并呈现跨境整合的特点。从挪威市场看,奥斯陆交易所和中央托管机构两家公司合并,形成新的奥斯陆交易所及 VPS 集团。这种整合是交易和结算,即前后台之间的整合,并呈现集团化、上下游一体化的特点。上述这两种整合是在欧洲经济整合的背景下进行的,其目的无疑是服务于统一的经济,服务于市场的统一,使贸易和资金支持更加有效率、有质量。

其次,保持债券的统一登记托管是最基本的要求。债券的统一登记托管是法律性、权威性和唯一性的需要,是债券市场发展的基本保障和业务基础。因此,中央托管机构的业务专业化、统一化是一个显著的特点。从监管看,无论是欧清瑞典、还是挪威中央托管机构,都是在一个统一的监管体系下运作,不存在多头监管的问题。从业务范围看,这两家机构既是股票的托管机构,也是债券的托管机构。从交易、清算、结算的功能划分看,在瑞典,既有从事交易服务的股票交易所和多边交易设施,有单独的清算所(专门从事衍生品的 CCP 清算服务,隶属于股票交易所集团),也有欧清瑞典的净额结算和全额结算;而在挪威,整个奥斯陆集团同时拥有交易所、中央托管机构和清算公司等三家不同的公司,分别从事不同的业务,但都隶属于同一家公司。从了解到的情况看,欧洲央行正在依据有关证券化指引,希望在 5 到 7 年内实现欧洲范围内的统一托管。

第三,部分业务可以为我所用。比如,抽奖债券是瑞典市场的零售品种,这在我国还是一个空白。再比如,欧清瑞典所提供的持有人会议服务等,这些新的业务都是服务价值链的延伸,都应该根据我国情况的不断成熟而借鉴推出。

英德债券零售市场研究

梅世云　陈一丁　范瑞星

一、英国债券零售市场情况

英国债券市场是一个容量较大、品种较全、监管规范的成熟市场。其管理机构是 1998 年成立的英国债务管理局（Debt Management Office, DMO）。英国债务管理局自成立起，从英格兰银行承继了英国政府债务管理、资金管理及利率管理职能，负责管理英国债券市场。作为政府机构，英国债务管理局在英国财政大臣授权下，进行相关的具体职能实施与管理，包括在批发市场上为英国政府提供低成本的国债发行、管理及相关的政策实施、风险管理服务等。

（一）直接投资渠道

英国债券市场二级市场交易的运行，主要是通过做市商制度以场外方式运行。因此，在英国，并不独立存在一个严格意义的债券零售市场。债券的销售与买卖并没有对个人投资者与机构投资者的界定与划分，但在对个人投资者的债券销售上有严格的销售和信息披露制度。同时,零售业务的开展,需要英国金融服务管理局(Financial Service Authority)颁发金融咨询师的资质证书,无论是在银行内的销售人员还是独立的销售公司,只有获得证书资格的人士,才能取得向零售客户销售债券等零售产品的许可。在英国债券市场,由于市场细分程度很深,面向个人的零售产品十分丰富,个人直接购买普通债券产品并不是很多,一般是通过共同基金、养老金计划等方式间接参与债券市场的投资。因此,在经债务管理局授权的做市金融机构中,只有1~2家有零售相关业务,且零售业务的整体比例低于1%。

2010年2月,伦敦证交所推出了专门面向个人投资者的债券零售市场,填补了伦敦证交所一项空白。推出新市场的背景是:一方面,此次国际金融危机中,在银行存款违约风险加大、股票市场持续低迷情况下,国债以其没有信用风险、收益较为稳定的优势受到许多个人投资者追捧,个人直接交易国债的规模呈快速增长趋势。另一方面,由于以前没有专门的债券零售市场,个人投资者购买英国公司债券的渠道不畅通,英国公司在伦敦证交所发行小额公司债券的成本较高,而不得不去其他欧洲国家发行。引入债券零售市场后,个人投资者对国债的交易需求以及英国公司顺利发行小额公司债券的要求都能够得到较好满足,有利于促进英国债券市场和整个金融市场的长期可持续发展。目前该债券零售市场的交易品种包括49只英国国债和10只资质较好的英国公司债券,未来计划拓展到所有可流通的英国国债和公司债券,现有3家做市商和26家经纪商提供市场中介服务。

为保证该债券零售市场具有较高透明度和运行效率,伦敦证交所主要采取了以下措施:一是采取撮合和做市相混合的交易方式,充分发挥两种交易方式的优势,提高市场价格发现能力。二是经纪商、个人投资者可以通过伦敦证交所电子屏幕实时获得该市场中做市商报价信息,观察价格发现过程,保证交易机会均等,同时所有交易都受到伦敦证交所和英国金融服务局的严密监视。三是除做市商负有双边报价义务外,不做市的交易商也可以自愿进入债券零售市场提供双边报价,提高了市场竞争水平。四是采取交易后直通式处理方式,即交易系统在投资者确认交易的同时,将有关信息传输到清算和结算托管机构,有利于提高交易后处理效率,降低交易成本。

(二)代理投资渠道

由于债券市场本身场外和大宗交易的特点,决定了在直接参与渠道上,主要是资金量大的金融机构。对个人投资者来说,参与的门槛较高,且手续较为烦琐。因此,为了更方便的面向居民储蓄融资,英国政府成立了一家基于国家信用的融资代理机构——全国储蓄与投资机构(National Saving and Investments,NS&I)。

全国储蓄与投资机构(NS&I)是从属于英国政府,吸收居民储蓄,提供基于政府信用的金融工具的代理机构。其主要职责是通过向居民提供各种投资产品的方式,代表政府向居民融资,在吸收居民储蓄资金的同时,降低政府融资成本,为纳税人节省政府的融资支出。

NS&I通过多样化的产品设计,吸引个人投资者购买其开发的产品。NS&I提供了13种产品面向个人投资者[1],其中最受欢迎的产品为有奖债

---

① NS&I 的 13 种产品详见附表一。

券(Premium bond)。有奖债券最低购买额为100英镑,最高为3万英镑,不支付利息。该产品根据投资者的本金为投资者提供每月一次的抽奖机会,最高奖金可达100万英镑,且免除所得税与资本利得税,并可以随时赎回本金。该项产品受到了个人投资者的广泛追捧,在其2700万客户中,约有2300万都购买了该类产品。由于以抽奖奖金的形式取代了付息,因此节省了大量的利息支出。

除有奖债券外,NS&I还提供儿童成长基金、通胀指数、浮动利率、零存整取等各种产品,通过复利、免税、便利性等方式设计的低准入门槛(通常为100英镑)产品,吸纳了大量的储蓄及零散资金,既为居民提供了便利的储蓄及保本投资渠道,也为政府提供了低成本的资金。

在投资渠道上,NS&I为个人投资者提供了多种便利方式,在NS&I大量发放的各种产品手册上,直接附有可直接使用的申购申请表及信封。同时,个人投资者还可以通过网络、电话、WHSmith(英国书籍杂志零售商)网点及英国邮政(UK Post Office)网点进行申购。

NS&I的运作成效较为显著。2009年,NS&I融资额达280亿英镑,净融资额125亿英镑。截至当年年底,各类产品累计发行额达980亿英镑。由于NS&I通过各种产品设计,实际提供了一个成本低于政府直接融资的融资渠道。以销量最大的有奖债券为例,由于用抽奖的奖金代替了利息支出,实际总支付金额会小于按市场利率支付利息的支付金额。因此,随着产品发行量的不断提高,为政府节省的融资支出也不断增加,由2000年的约1.1亿英镑,增加到了2009年的约3.7亿英镑。

二、德国债券零售市场情况

与英国类似,德国债券市场也是以机构间场外市场为主,个人投资者直接购买债券的比例较低,主要是通过购买基金、养老保险等方式间接持有债券。德国个人投资者购买债券主要有两个渠道:德国财政代理公司和 Tradegate 交易所。

(一)德国财政代理公司

德国的国债发行、销售、政府债务管理机构是从属于财政部的德国财政代理公司(Federal Republic of Germany Finance Agency)。该公司成立于 2000 年 9 月 19 日,总部设在德国金融中心法兰克福,是德国借款和债务管理的中央服务提供商。德国财政代理公司完全由德意志联邦所有,由联邦财政部代表,为德国联邦政府执行预算拨款和短期流动拨款职能。德国财政代理公司在国际金融市场上只以德联邦的名义为联邦利益运营。德国财政代理公司最重要的职责包括德国政府债券的发行、以德国期票形式借款、运用金融衍生工具和货币市场交易平衡德联邦在德联邦银行的账户。德国财政代理公司的服务还包括市场分析和开发投资组合模型,提供业务决策建议,流动性管理和风险控制,以及制订德国政府债券的广告、新闻和公关方案。

1. 零售业务品种

自 2006 年 8 月 1 日以来,德国财政代理公司开始负责个人投资者的债券产品和关系维持。德国的个人投资者可以通过在德国财政代理公司直接开立债券账户进行国债购买,如 Day Bond(不设定到期日,兼有国债和活期存款的优点)、联邦政府融资票据、五年期联邦债券、联邦储蓄债券等①。通过德国财政代理公司,个人投资者可以购买债券的途径包括网上银行、电话银行、邮寄信函和网点直销。

2. 服务方式

除了为政府提供低成本融资渠道以外,德国财政代理公司的主要目的在于满足个人客户购买和托管德国政府债券的需求,这是通过不断扩大服务产品范围来实现的。例如,德国财政代理公司在 2008 年 7 月推出的 Day Bond(天债券)就是其不断满足个人客户需求的有力证明。此外,德国财政代理公司还通过做广告、发宣传页等方式,不断加深公众对于政府债券的了解程度,以吸引更广泛的个人投资者。

德国财政代理公司能够通过电话、邮件和在法兰克福的网点为其客户提供私人化的服务,为客户和潜在客户提供咨询服务,并执行客户的交易指令。如果个人投资者选择将其债券托管于德国财政代理公司,其买入和托管德国政府债券的行为不必支付任何费用。

(二)Tradegate 交易所

Tradegate 在 2001 年成立,最初是作为多边交易设施(MTF)存在。2009 年底,Tradegate 被德交所收购了超过 75% 的股份,并获准于 2010 年 1 月开始以证券交易所的身份运营。

每天早 8 点到晚 10 点,Tradegate 交易所为零售投资者提供 4900 只股票/ETF、1500 只债券和 1500 只基金的实时报价。交易所的做市商连续报出买价和卖价,个人投资者通过德国、法国或奥地利的网上银行发出

----

① 德国财政代理公司提供的产品列表详见附表二。

债券交易指令,基本上都能够立即全额成交。

除了 Tradegate 交易所之外,德交所还计划在自身主交易系统 Xetra 上为零售投资者提供债券服务平台,以更好地为德国乃至欧洲的个人债券投资者服务。

三、两国债券零售市场的主要特点及原因

(一)市场布局的层次性

作为历史悠久、发展成熟的金融市场,英德两国无论在债券市场的结构上、投资对象和参与渠道上,都呈现了鲜明的层次性特征:

1. 直接参与者

英德两国债券市场较为发达,参与者主要为各国金融当局、银行、券商等,主要目的除直接投资外,还包括政府债务管理、资金调剂、机构流动性管理等,交易结算量非常庞大。因此,其直接参与者都是资金量较大的银行、保险、证券、基金等金融机构,个人投资者由于规模及资金的限制,很难成为金融市场的主要直接参与者。

2. 间接参与者

风险承受程度高、投资规模较小的个人投资者,多通过购买共同基金、信托产品、银行理财产品等渠道,通过直接参与者进入市场进行交易。而部分产品本身的设计是可交易的,又形成了间接参与工具的次级市场。同时,个人投资者如购买债券,通常通过银行或面向个人业务的做市商或经纪商进行买卖操作。

3. 零售参与者

对于居民储蓄等保本要求较高、风险承受能力较低的个人投资者资

金,政府通过设立专门机构与专门的零售渠道,通过多种方式推出债券或基于政府信用的储蓄型金融产品,吸纳居民储蓄资金。同时通过专门机构的运作,降低融资成本。既促进了国民的投资意愿,也以较低成本满足了政府融资需求。

因此,在功能定位上,英德的国债零售市场主要面向居民储蓄、通过渠道、便利性、利率或其他方式吸引居民购买,而非交易。居民投资国债及相关产品也多为持有需求。因此,英德两国的国债零售市场,更多属于发行及销售,并不针对交易型投资者。这一点,与我国柜台记账式国债市场的定位有所区别。

(二)直接面向零售的债券规模较小

由于个人投资者的投资特点,决定了个人无论是在持有规模和交易规模上,很难成为债券市场的主流。根据英国债务管理局的统计,截至 2010 年 6 月底,英国附息国债(gilts)总市值为 9170.14 亿英镑,其中家庭持有总市值为 9.57 亿英镑,持有比例仅为总市值的 1.04%[①]。对比参考 2009 年度 NS&I280 亿英镑的产品销售量,可以认为,目前英国国债市场上,个人直接参与的比例较低,持有及交易规模都非常小。在对德国的考察中,由于没有专项数据提供,无法了解到在德国的个人投资者对国债的具体持有比例,但无论是在对各金融机构的调研中,还是在对德国财政代理公司的走访中,也了解到个人投资者的数量和持有规模都非常小,从德国财政代理公司对个人销售的网点逐步削减到只剩法兰克福一处,亦可从另一角度说明个人投资者直接投资和购买国债的需求状况。

---

① 数据来源:www.dmo.gov.uk。

（三）存在一个较为稳定的个人投资者群体

在英德两国的债券零售市场中,虽然个人投资者在投资数量与规模上,远不能与机构投资者相比,但在参与程度上,国债或相关产品仍然是个人投资者进行投资的重要部分,以 NS&I 为例,目前,NS&I 共有 2700 万客户,占全英总人口近一半。德国方面,虽然没有具体数据,但从德国财政代理公司不断推动面向个人投资者的各项举措来看,也存在一个较为稳定的个人投资者群体。

（四）均有专业的零售服务市场

虽然英德两国在零售市场的组织上,与我国记账式国债柜台市场有所区别,但在对个人投资者的服务上,均建立专门的渠道和零售服务市场,为个人投资者提供多种可供选择的债券投资服务。此外,两国的各金融机构,根据自身的特点,也采用各种方式,引导个人投资者投资债券,包括产品销售、柜台销售、经纪人服务等。

（五）直销与代销相结合

英德两国债券零售,均采用了直销与代销相结合的方式。一方面,个人投资者可以通过多种渠道,直接购买国债。另一方面,由于市场成熟,分工细致,各类金融中介结构也针对个人投资者的特点,提供了多种多样的产品与服务,吸引个人投资者通过间接的方式进入债券市场。同时,两国政府及市场基础设施提供商也根据个人投资者的特点,逐步在市场建设与组织上,拓展对个人投资者的服务,以利于更多的个人投资者进入债券市场。政府部门只起到一个规范与管理的作用,对个人投资者的引导与组织更多的是通过相关机构的设置,采用市场化方式,提供多种投资渠道与金融服务方式的途径解决。这也与两国金融市场发展成熟,分工细致,监管制度完善,有一个完整、完善和高效的金融服务体系密不可分。

四、启发及建议

我国记账式国债柜台市场属于国债零售市场,尽管自 2002 年开办以来取得了一定成绩,但也存在交易规模较小、流动性较差等制约柜台市场进一步发展的深层次问题。虽然英德国债零售市场与我国记账式国债柜台市场组织结构、制度安排、交易后处理流程等方面也存在一定差异,但仍然给我们带来以下几点启示:

(一)英德两国在对国债零售市场的定位、功能与国内有所区别

在英德两国成熟而发达的金融市场与银行市场体系下,各类投资者根据需求与风险偏好已经进行了极其细致而严格的划分,并均有满足其需求的投资渠道。因此,在这种划分下,英德两国国债零售市场在定位上,主要面对风险承受能力较低、有保本要求的个人投资者及其储蓄资金。销售的产品除国债外,也有基于政府信用开发的金融产品。而风险承受能力相对较高且有交易需求的投资者,基本被分流至理财产品、信托计划、共同基金或交易经纪商等不同的途径间接参与市场。因此,在国债零售市场上,在产品设计角度,除国债外,其余产品基本以持有到期或获取固定期限的固定收益产品为主,交易模式也主要限于认购与赎回;在市场建设角度,主要注重于产品开发与渠道建设,在设计多种适合个人投资者进行购买产品的同时,通过完善的渠道建设,使投资者极其便利地购买到国债及相关产品;在服务平台或交易市场的建设角度,由于其具备发达的金融产业,具有交易需求的投资者可以便捷地找到间接参与市场的投

资渠道,因此,英德两国的零售市场建设及管理并未将其作为考虑范畴,这与国内柜台记账式国债市场的功能定位有所区别。

(二)均设立了专门机构进行运作

英德两国的国债零售市场,在直接投资渠道上,均由从属于财政部门的专门机构进行管理。在英国,面对个人投资者的既有在 DMO 管理下提供直接购买服务的做市商和经纪商,也有 NS&I 这样的基于政府信用的产品提供商,德国则由德国财政代理公司进行统一办理。

该类机构成立并面向个人投资者开展业务的主要目的,均在于通过专门机构的设立,面向个人及储蓄资金进行融资,利用社会闲散资金,进行较低成本的融资,从而节省财政的利息支出,同时达到为纳税人节省资金的目的。

在机制上,两国均采用了政府背景下的企业法人的模式,该种模式的优点在于企业的信用水平高,费用纳入财政预算而且运作机制灵活。NS&I 的性质既属于政府,也属于独立机构法人;德国财政代理公司则是纯国有企业。机制上的灵活性促进了对投资者及市场反应的灵敏性。在确定政策目标的前提下,可以随时根据市场的变化,进行产品设计与推广,提高融资效率,避免了政府直接主导下的诸多弊端,也使得零售市场业务高效运行。

(三)应加快丰富我国银行柜台销售债券的品种,提高市场吸引力

随着我国人民币国际化和市场化程度的不断提高,国内个人将有越来越多的投资产品可供选择。要发展零售债券市场,必须不断创新,逐步引入更多品种的债券交易品种,以吸引零售客户的参与。目前我国在银行柜台上仅能销售国债,其中凭证式国债和储蓄国债采用银行代销方式,

记账式国债采用银行双边做市报价的交易方式。整体上看,上述由银行在柜台上销售的国债品种仍较单一,并不能充分满足客户的多元化需求。我国可借鉴英国 NS&I 发展零售产品的思路,探讨向零售客户发行更为灵活多样的债券品种,满足客户在保本基础上的不同需求。

具体到柜台市场的品种创新上,有三点发展建议:

1. 按照投资者的需求创新国债品种

对比目前柜台销售的三种国债,储蓄式国债、凭证式国债(二者利率水平近似)对个体投资者的吸引力更大。以 2010 年一级市场国债发行利率为例,1 年期储蓄式国债的发行利率在 2.6%,3 年期在 3.73% 的水平。而 2010 年前十个月,记账式国债 1 年期的最高发行利率是 2.16%,最低发行利率为 1.87%;3 年期的最高发行利率是 2.96%,最低发行利率为 2.61%,比储蓄式国债的收益率低 80 ~ 110 个基点,较低的收益率降低了投资者的投资兴趣。此外,英国、德国债零售市场中不乏期限在 1 年以内的短期国债。我国发行的记账式贴现国债期限在 1 年以内,利率风险较低,收益率高于活期存款利率,对活期存款具有一定替代作用,可考虑将贴现国债引入柜台市场。应充分考虑新交易方式及交易品种对柜台业务承办银行的活期存款的分流效应,以及与承办银行理财产品等零售业务的竞争关系,可适当采取一些激励措施,提高柜台业务承办银行的积极性。

2. 尽快引入合适的、具有更高收益率的债券品种

当前,我国债券市场上的政策性金融债是机构交易的主要品种,预计对零售市场也有很大吸引力。2010 年前十个月,3 年期金融债一级市场发行利率最高在 3.86%,高出储蓄式国债 13 个基点。因此,引入收益率

较高的信用等级可靠的政策性金融债券（或者央行票据）上零售柜台，必将受到个体投资者的青睐，这将大大提高我国柜台债券市场的活跃性，尤其是柜台债券市场变现的便利性会促使部分热衷于储蓄式国债的个体投资者进入柜台债券零售市场。具体首先可将收益率较高（1 年期收益率高于 1 年定期存款利率，3 年期收益率高于 3 年定期存款利率）的 AAA 级金融债做试点引入零售柜台销售，继而将期限扩大到 5 年、7 年与 10 年，覆盖整个中长期限，然后再引入 3A 或 2A 级的企业债券，逐步发展到各类信用产品。

还有一种更加宽松的思路，即借鉴 NS&I 的模式，允许合格的商业银行或其他机构在规定的监管框架下自主开发创新柜台债券品种，这将更大地激发投资人的购买需求，也有助于提高商业银行开拓柜台债券市场的积极性。

3. 适当减少报价券种，提高报价效率，方便客户买卖

目前，人民银行、财政部指定的柜台记账式债券的报价券种已经达到了 84① 只，其中不乏期限非常接近的品种。由于都是国债，本质上只要有能分别覆盖不同期限的券种即可满足投资者的需求。在目前同时如此多券种均报价的情况下，银行报价和做市压力加大，而客户也容易产生混淆。

建议可保留现有做市债券期限结构（0～15 年），在关键期限点上选取 1～2 只流动性好的债券进行报价。各行可自主选取债券，对于流动性不好、期限重复的债券可适时赎回淘汰，形成简单而又清晰的不同期限结构报价组合。这样将有利于集中精力推介报价债券，报出最优价格，也有利于避免分散投资者注意力，方便其以几只典型债券了解记账式国债柜

---

① 截至 2010 年 9 月底。

台市场的价格情况。

(四)电子服务平台对国内零售市场的借鉴作用

在电子服务平台提供商方面,电子服务平台的提供者 Tradeweb 目前在全球服务平台系统中处于世界领先水平。其在全球主要金融市场均建立了电子服务平台,在固定收益、衍生产品交易、货币市场等领域提供利率、汇率、信用等产品的服务平台,其平台服务对象囊括了做市商、机构投资者、零售客户。一个投资者可以在 Tradeweb 系统上看到交易商实时的报价,可以引入多个交易商的竞价,择优成交,可以完成从前台交易到后台数据处理的全过程。在零售市场方面,个人金融咨询师可以很方便地通过 Tradeweb 系统得到报价、进行正确地定价、迅捷地成交。

在商业银行自身应用的电子服务平台上,德意志银行面向客户开发的网上交易系统 TradeFinder 令人印象深刻。客户注册登录该网上交易系统后,将看到德意志银行(DB)可提供的全部金融市场交易产品,包括利率、汇率、商品、衍生产品等在内的各项交易服务。客户在该系统上首先可以看到市场全貌,获得 DB 的分析支持,并能够在线进行产品定价、损益试算直至完成交易。该系统同时提供完善的交易事后管理功能,帮助客户进行组合管理和风险管理。客户在不同需求下的不同交易行为都由统一的系统来完成,十分方便。

在当前人民币国际化、利率市场化逐步深入的背景下,国内客户(包括非金融机构、小型金融机构、零售个人客户)对金融市场各类交易产品的需求将得到逐步释放,预计未来客户带来的交易量将有迅速的提高。目前,国内柜台零售业务参与银行金融市场业务各产品的系统尚不统一,很多交易业务没有面向客户的服务平台,有的也存在产品线分割、功能单一,无法达到综合服务客户的目的。因此,应尽快建立完善统一的面向客户的电子化综合服务系统,为发展我国零售交易市场,面向投资人推出一个功能完善的服务平台势在必行。

在平台建设方面,应该借鉴目前国外债券市场的电子服务平台模式,在服务平台集成零售市场投资者可获取的相关信息,并与各银行进行联网,使投资者能便捷完成信息查询、交易、支付、赎回及账户管理等功能,为个人投资者参与市场提供一个有效而便捷的服务途径。

(五)充分挖掘个人投资者

从英德两国为代表的成熟资本市场情况看,传统上个人投资者直接投资和交易国债的规模很小,但此次国际金融危机爆发后,个人投资和交易国债明显增加。目前我国记账式国债柜台市场也存在类似特点。一般情况下,由于记账式国债票面利率较低、市场价格波动不大,个人投资者较少进行直接买卖,但当股票市场行情较为低迷时,股票市场部分资金会流入债券市场,使记账式国债柜台市场的开户数和交易规模呈现出增长态势。从长期趋势看,随着金融市场的深化和投资理财知识的普及,个人投资者将逐渐加深对记账式国债风险管理作用的认识,独立投资能力将逐步增强,直接参与记账式国债投资交易的程度将不断提高。正如伦敦证交所发现个人投资行为变化,并及时推出债券零售市场一样,我们应在顺应我国利率市场化改革大前提下,在日常工作中密切关注柜台市场动向,积极创造有利条件,深度挖掘个人投资者对记账式国债的需求,并选择合适时机和方式将潜在需求转化为实际投资。

(六)积极发展机构投资者

机构投资者与个人投资者相比,资产规模及其管理需求较大,具有一定的技术和信息优势,能够作出相对理性的投资决策,是英德两国国债零售市场主要投资者。从我国情况看,记账式国债柜台市场机构投资者的数量和交易规模均小于个人投资者,市场参与程度明显不足。目前柜台市场机构投资者主要包括投资公司和住房公积金管理中心等单位,其中前者购买国债后通常较为频繁地进行交易以赚取差价,后者大多数情况下持有国债到期很少交易。为提高柜台市场交易规模和活跃程度,应大力拓展以投资公司为代表、交易较为活跃的机构投资者。可考虑将银行间债券市场丙类结算成员中的非金融机构引入柜台市场,这些机构的交易经验较为丰富、具有一定的资金实力,有利于壮大柜台市场机构投资者队伍,提高柜台市场交易规模和流动性。

(七)增加回购交易方式

英德国债零售市场回购交易非常发达,我国银行间国债市场和交易所国债市场都有回购交易,其交易规模远远大于现券交易。国债回购交易具有期限短、风险可控、收益率一般高于活期存款利率等特点,既是机构投资者进行流动性管理的工具,也较为满足个人注重低风险及较高投资收益的要求,可考虑将其引入柜台市场。

附表: 英国 NS&I 及德国财政代理公司产品列表

附表一 NS&I 债券零售类投资产品简介

产品名称	利率	税收	赎回安排	购买途径	赎回途径
有奖债券 (Premium Bonds)	不付利息,抽奖	免税	不必事先通知,无罚息	在线、电话、邮寄、Post Office	在线、电话、邮寄
存款账户 (Direct Saver)	浮动	应税	不必事先通知,无罚息	在线、电话	在线、电话

续表

产品名称	利率	税收	赎回安排	购买途径	赎回途径
ISA 账户 （Direct ISA）	浮动	免税	不必事先通知，无罚息	在线、电话	在线、电话
儿童债券 （Children's Bonus Bonds）	根据不同期限固定	免税	首年内赎回不支付利息	邮寄、Post Office	邮寄
利息收入债券 （Income Bonds）	浮动，按月付	应税	不必事先通知，无罚息	在线、、电话、邮寄	邮寄
投资账户 （Investment Accounts）	金额越多，利率越高	应税	不必事先通知，无罚息	电话、邮寄、Post Office	邮寄
便利支取账户 （Easy Access Savings Account）	浮动	应税	不必事先通知，无罚息	在线、电话、邮寄、Post Office	电话，Post Office
固定收益储蓄 （Fixed Income Savings Certificates）	不定期发行，客户选择投资期限，赚取不同固定利率，免税				
指数连接储蓄 （Index Linked Savings Certificates）	不定期发行，确保此账户收益超过零售物价指数，到期后确定实际收益				
股票指数连接债券 （Guaranteed Equity Bond）	不定期发行，收益与 FTSE100 指数联接，无本金风险				
利息收益保证债券 （Guaranteed Income Bonds）	不定期发行，客户选择投资期限，按月得到固定利息收益				
增长保证债券 （Guaranteed Growth bonds）	不定期发行，客户选择投资期限，到期获取事先保证的收益。				

附表二　德国政府债券一览表

债券种类	标价单位	最低限额	最高限额	利息支付
Day Bond	0.01 欧元	50 欧元。利息和赎回本金再投资没有最低限额	每人每银行工作日25万欧元。利息和赎回本金再投资没有最高限额	总是在12月31日转成份额
联邦储蓄券 Federal Savings Notes	0.01 欧元	50 欧元。通过德国财政公司购买:52 欧元	无限额	A 类:按年付息。B 类:累积付息(还本时支付利息和复利)
联邦融资票据 Federal Treasury Financing Paper	0.01 欧元	500 欧元	每人每工作日25万欧元	贴现(面值-利息=购买价价格)
五年期联邦券 Five-year Treasury Notes	0.01 欧元	通过证交所购买:无最低限额。通过德国财政公司购买:110 欧元。(拍卖:最少竞买100万欧元)	通过德国财政公司购买:无限制。每人每银行工作日25万欧元	按年付息
联邦债券 Federal Bonds	0.01 欧元	通过证交所购买:无最低限额。(拍卖:最少竞买100万欧元)	无限额	按年付息
联邦券 Federal Treasury Notes	0.01 欧元	通过证交所购买:无最低限额。(拍卖:最少竞买100万欧元)	无限额	年末付息
贴现票据 Treasury Discount Paper	0.01 欧元	交易所上市(拍卖:最少竞买100万欧元)	无限额	贴现(面值-利息=购买价格)
通胀联接联邦债券 Inflation-linked Federal Bond	0.01 欧元	通过证交所购买:无最低限额(拍卖:最少竞买100万欧元)	无限额	年末付息,基于指数化利率
五年期通胀联接联邦券 Five-year Inflation-linked Federal Note	0.01 欧元	通过证交所购买:无最低限额(拍卖:无最少竞买100万欧元)	无限额	年末付息,基于指数化利率
美元债券 US-Dollar Bond	1000 美元	通过证交所购买:无最低限额	无限额	年末付息

续表

项目										
利息计算	实际天数/360	实际天数/实际天数	实际天数/实际天数	实际天数/实际天数	实际天数/实际天数	实际天数/实际天数	实际天数/360	实际天数/实际天数	实际天数/实际天数	30/360
期限	无限制	A类:6年 B类:7年	1年 2年	5年	10年 30年	2年	3,6,9,12个月	10年	5年	5年
赎回	按当日价格（本金+利息）	A类:按面值 B类:按赎回价值（面值+利息）	面值	面值	面值	面值	面值	以面值为底限，根据通胀调整	以面值为底限，根据通胀调整	面值
购买者	任何人，直接从德国财政公司购买	仅允许自然人和本土公益慈善或宗教机构购买	除金融机构以外的任何人	任何人，直接从德国财政公司购买。任期只允许拍卖团成员购买	任何人。任期只允许拍卖团成员购买	任何人。任期只允许拍卖团成员购买	任何人。任期只许卖团成员购买	任何人。任期只允许卖团成员购买	任何人。任期只允许拍卖团成员购买	任何人
销售和提前变现	可每日按当时价格在30个息日内卖出，每天每户最多100万欧元	第一年后，在30个息日内每户最多卖出5000欧元	不允许	上市后，可每日按市场所报现价卖出。通过德国财政公司卖出时：以法兰克福证交所每日官方标准报价为固定价格	上市后，可每日按市场所报现价卖出。通过德国财政公司卖出时：以法兰克福证交所每日官方标准报价为固定价格	上市后，可每日按市场所报现价卖出。通过德国财政公司卖出时：以法兰克福证交所每日官方标准报价为固定价格	不可通过德国财政公司或交易所卖出。如果能够找到买家，可以通过个人合同协议卖出	上市后，可每日按市场所报现价卖出。通过德国财政公司卖出时：以法兰克福证交所每日官方标准报价为固定价格	上市后，可每日按市场所报现价卖出。通过德国财政公司卖出时：以法兰克福证交所每日官方标准报价为固定价格	上市后，可按每日市场所报现价卖出

续表

转让给第三方	随时	随时可转给合格买者	随时	随时	随时	随时	随时	随时	随时	随时
销售中介	德国财政公司	德国财政公司和金融机构					金融机构			
交割	债权登记(集合或个人),非实物券									
托管	德国财政公司,银行,储蓄银行,信用合作机构						金融机构			
购买费用	免费	免费	银行佣金;通过德国财政公司购买免费	银行佣金	银行佣金	银行佣金	银行佣金	银行佣金	银行佣金	银行佣金
到期赎回	免费	免费	银行佣金;通过德国财政公司赎回免费	银行佣金;通过德国财政公司赎回免费	银行佣金;通过德国财政公司赎回免费	银行佣金;通过德国财政公司赎回免费	银行;通过德国财政公司赎回免费	银行佣金;通过德国财政公司赎回免费	银行佣金;通过德国财政公司赎回免费	银行佣金
金融机构管理费	托管费	托管费	托管费	托管费	托管费	托管费	托管费	托管费	托管费	托管费
德国财政公司管理费	免费	免费	免费	免费	免费	免费	免费	免费	免费	不能收取

德国地方政府债务管理经验研究

李　鹏

一、欧债危机的进展及影响

2009 年年底以来,波及欧洲多国的债务危机不断发展蔓延,全球投资者信心深受打击,金融市场重现动荡。围绕希腊等国是否会发生债务违约、是否可能就此退出欧盟乃至放弃欧元的猜测不绝于耳。2010 年,随着欧盟和国际货币基金组织向希腊提供 1100 亿欧元的救助承诺,市场情况有所好转;但 2011 年一季度以来,葡萄牙、爱尔兰债务危机的爆发,使得欧债危机再次蔓延。与此同时,三大评级公司不断调降欧洲相关国家的主权评级,希腊债务距违约只有一步之遥,更是令欧债危机"雪上加霜"。

欧债危机爆发的根源与美国有相近之处,但也有欧元区的先天不足,即货币政策和欧元汇率统一,财政政策却是"各行其道"。强国享受了汇率低估的好处,但弱国的经济则逐渐被高估的汇率所拖累。在次贷危机爆发后,欧洲各国为拯救经济,纷纷加大财政政策力度,最终使得财政不堪重负。举债消费的模式被打破,使得希腊等国深陷债务危机。

目前的危机救助模式,以财政紧缩、削减赤字为主,辅以资金直接援助。这种模式并未从根本上改变债务危机国家的偿债能力。相反,连续的财政紧缩,使得这些国家的经济增速进一步放缓,并引发社会动荡,财政收入和经济总量下滑,赤字绝对规模和相对占比甚至进一步恶化。或许相对较优的危机解决方式是:为希腊等国提供债务展期,并且实行优惠利率,降低其债务本息偿付压力;欧元汇率相对美元等贬值,同时以优惠政策刺激经济增长,调整经济结构;渐进削减福利开支,增强劳动力市场活力。

尽管目前欧洲各国正积极通过扩大欧洲稳定基金(EFSF)规模的方式缓解危机,但各国所承担的担保义务随之上升,这又会增加德法等国自身债务规模,威胁其信用评级。如果法国失去 AAA 评级,德国将无力承担此前法国的出资额,在这种情况下希腊等国违约,债务危机扩大,甚至欧元解体或不可避免。欧债危机一旦危机加剧,其冲击力或更甚于"雷曼"倒闭。欧洲银行业大量持有希腊等国主权债务,希腊违约将使得这些银行以及整个欧洲金融体系遭遇"强震"。欧债危机首先将威胁到中国持有的欧元资产,特别是部分国家的主权债务;国内的出口和人民币汇率同样将承压;若欧债危机愈加恶化,则可能通过外贸出口、汇率等全面冲击国内经济,并与国内宏观调控相叠加,整体冲击力度可能弱于 2008 年,但中小企业将面临更大的困境。最后,欧债危机的全面爆发,或使得大宗商品价格深幅回调,这将降低国内通胀压力,并可能提供新一轮境外资产购并机会。

二、德国联邦及地方政府债务的管理与债券发行

（一）联邦政府债务

联邦政府债务由联邦财政部、联邦财务管理公司（财政部是唯一股东）和中央银行负责管理和运营。联邦财政部主要负责制定国债政策和管理发行国债；联邦财务管理公司和中央银行是国债管理的执行机构。联邦财务管理公司除负责国债发行外，还进行市场分析，为国债政策制定提供依据，同时负责国债发行公告和进行国债政策宣传；中央银行与财政部、财务管理公司密切合作，管理联邦中央账户，负责国债托管、交易、清算等业务。在一级市场有 38 家国债一级交易商，包括国外金融机构。

危机之前，德国政府认真履行《马斯特里赫特条约》中关于国债余额占比不能超过 60% 的规定，制定并公布债券发行期限、债券种类和债务规模的具体计划，同时将财政赤字及对个人所得税削减等方面进行公示，使发债计划明确、透明、连续。国债发行一般通过招标方式，发行结构有 1 年以下的短期债，1～10 年的中期债和 10～30 年的中长期债。其中，中长期债券包括直接销售给投资者的储蓄债券，短期债券多以贴现方式发行，主要是保证国库资金的流动性。短期债务发行占比不断提高，至 2010 年 5 年以下的债券发行占比已经接近 75%，预计 2011 年仍将有所上升。债券发行结构的变化显示了危机发生后政府面临的流动性压力，也表明为应对可能发生的流动性危机，政府在债务发行方面做出提前准备。

(二)地方政府债务

1. 分级体制

德国《基本法》规定:联邦、州和地方三级政府拥有独立自主的财权,遵循政府财权与事权相一致的基本原则,实行三级独立预算体制。这有利于保持各级财政支出需求与收入供给之间的平衡,从而有效地解决支出需求与收入多寡的矛盾。

德国税收收入按照自有收入和共享收入在各级政府之间进行分配,主要税收是在三级政府之间进行分配的。从各级政府债务比重来看,联邦政府债务占比最大(60%左右),州政府次之(30%左右),市政府债务占比相对较低(约7%)。

德国税收在各级政府间的划分比例(单位:%)

	联邦政府	州政府	市政府
消费税	100	—	—
遗产税	—	100	—
个人所得税	42.5	42.5	15
增值税	52	46	2
公司所得税	50	50	—
利息返还	44	44	12
地方贸易税	14.8	7.7	77.5

2. 贷款融资

德国州政府运用多种信用工具举债,如州债券、"兰德债券"(面值5亿欧元的债券集合)、DEPFA银行贷款、储蓄银行及其州清算银行贷款等。州政府信用等级由国际机构评估,评级结果均为AAA级。市级政府则主要依靠金融机构贷款举债(占比通常超过90%)。近年来,市级政府贷款短期化程度日益明显,主要由于联邦政府限制了地方政府的长期债务规模,而贷款短期化也令地方政府债务可持续性面临更大的流动性风险。

公共部门银行(主要包括州立银行和储蓄银行)是德国州和市政府举债的重要应债来源,也是其重要特色。在德国,一般较大的市都有储蓄银行,市政府是其主要股东。州立银行一般充当本州储蓄银行的清算中心,所在州政府是其控股股东。此外,州立银行还负责为州或联邦政府项目进行筹资,以及为州政府管理公共基金等。德国州立银行和储蓄银行都是公共部门银行,在具有盈利性的同时也承担着一定的社会责任。如储蓄银行可能会支持当地的小足球队,但欧盟认为德国这样的做法降低了这些金融机构的市场化程度。

3. 债券融资

市政债券可以由地方政府及地方性公共机构、抵押银行发行。当地方政府作为市政债券发行人时,所融资金一般用于地区、市政基础设施的建设;当地方性公共机构作为市政债券发行人时,所融资金一般用于与该公共机构相关的市政基础设施建设和营运中。由地方政府和地方性公共机构发行的市政债券,其利息支出和本金偿还,一般以地方政府的税收收入作担保。在德国,抵押银行同地方政府信贷机构一样也可以发行市政债券,所融资金主要用作为中小市政基础设施提供无担保贷款。

德国的市政债券采用注册制与核准制相结合的发行制度。市政债券必须满足严格的保险规定,即未清偿债券额必须用等值的,或至少产生同等收益的公共债务贷款作为保险,立法机构对于用作保险的抵押贷款的长期价值也有严格规定,使市政债券成为安全的投资工具。抵押银行发行市政债券时,不仅要服从银行业的一般监管程序,还受政府和《抵押银行法》有关条款的监督。

德国的市政债券是由借款人在没有承销银团介入的情况下由某家银行代为进行浮动发行,发行银行可以调整发行条件以适合当时资本市场的情况。大多数由银行发行的市政债券的偿还期从 2 年到 15 年不等。市政债券受政府的大力支持。大多数州政府发行的市政债券都是免缴证券交易税的,这增强了市政债券的吸引力,使得城市基础设施建设融资更加便利。

三、对我国地方政府债务管理的借鉴意义

从德国地方政府债务管理模式可以看出,德国关于各级政府间财政关系的制度设计有三个显著特点:第一,通过法律的形式明文规定中央(联邦)政府与地方(州)政府间的财政关系,各级政府间利益关系划分清晰,地方政府只对本级立法机构负责,不对上级行政机构负责,是独立的财政和民法主体。因此,地方政府有能力运用举债权进行举债,且负债资金归自己管理和使用,并形成对地方政府债务的硬约束。第二,德国的现代财政以公共财政理论为指导建立,在政府事权和财政支出范围的界定上,以公共产品、准公共产品、私人产品为标准来划分各级政府职能范围。各级政府事权严格限制在公共事务方面,政府不直接干预市场活动。各级政府间的职责划分,主要依据受益范围原则和效率原则。因此,地方政府的负债需求规范,符合辖区居民的公共需要。第三,德国实行分税制的财政体制,普遍都设立了中央的固定税和地方的固定税,而且地方一般都

具有若干个主体税种,形成了相对独立健全的地方税体系,从而为地方政府的偿债资金提供了保障。不难看出,上述三点分别从根本上对地方政府的负债约束、负债需求、偿债能力起到了规范和保障的作用,对我国地方政府债券的发展具有一定借鉴意义。

结合我国目前财政制度及地方政府融资发展现状,建议从以下几个方面完善地方政府债务管理,明确相关债务发行程序和监管模式的改进。

1.赋予地方政府合法的举债权,建立地方债务资金的预算管理制度。我国《预算法》明确规定不允许地方政府发债,因此建议修改《预算法》,消除法律法规上的限制,确立地方政府作为债务人的合法身份;同时地方政府债务收支实行预算管理,应报经同级人大审查批准,建立资本预算制度,将经常性预算和资本性预算分开,对资本性支出和债务收支实行专门管理,以免负债资金用于经常性预算。

2.强化地方政府债券的制度约束。赋予地方政府独立的举债权,符合资源配置的效率原则,但必须防止地方政府的道德危机,建立有效的预防和约束机制。因此,要将地方官员任内债务管理情况列入考评制度。在单一制国家,由于中央政府与地方政府的行政隶属关系,中央政府往往成为地方政府债务潜在的行政和道义上的债务偿还人。在我国发行地方政府债券之初,应适当强化上级政府和地方人大的监督。在发债程序的设计上,可要求一定规模以上的举债项目必须经过公开听证程序,或报经上级政府和人大审核批准方可执行。

3.完善发行主体的信用评级制度。地方政府债券有政府背景的依托和较稳定的收入来源,容易获得较高的信用评级,是一种"准国债"。我国发行地方政府债券时,需重点考察发行机构的财务状况和项目收益状况,确保有还款能力;也可通过担保和保险来争取获得较高信用级别。

4.适当设置税收减免优惠。地方政府债券最大的特征就是税收减免,用于公共目的的债券,利息收入予以减免税收,其中用于教育领域或地方亟待改善的基础设施方面的可以完全免税;用于私人投资的公共项目的地方政府债券,可以免缴一部分税;用于其他项目的,税收可以适当高些。

欧洲利率衍生品市场研究（一）

雷 蕾

一、欧洲利率衍生品市场发展历史和前景

利率衍生品起源于汇率的浮动。在 1945—1971 年期间,由于布雷顿森林体系,美元盯住黄金,英国货币也紧盯住美元,汇率基本没有波动,但随着布雷顿森林体系的垮台,从 1971 年开始,英镑兑美元开始在 1～2.5 区间波动。而与此同时,美国政府对美国公民投资征收利息税,导致境外美元储蓄、债券及其他外汇相关资产投资的增长,而在 1970 年代随着跨国公司的发展,双向贷款的需求增加,推动了美国和英国之间掉期的发展。开创性的货币掉期发生在 1981 年,由 IBM 和国际复兴开发银行达成,从此,掉期市场发展迅速,名义本金从 1987 年的 6820 亿美元发展到 2007 年的 3820 万亿美元,欧洲尤其是英国成为衍生品市场成交最大的市场,如图 1。

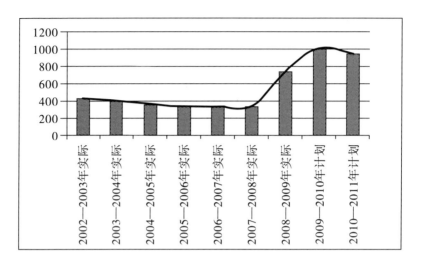

图1　日均交易量份额

资料来源：Bank for International Settlements, Triennial Survey, September 2007.

随着掉期市场的逐步发展，掉期市场也逐渐规范，从1985年开始逐渐形成规范的交易文件，包括主协议、信用支持、格式确认、定义等主要文本，交易文件的规范也推动了衍生品市场的发展，而信用支持作为衍生品信用风险减缓的有效工具，大大降低了整个市场的信用风险，如图2。

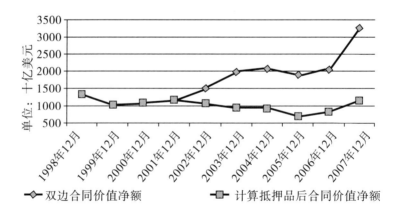

图2　合同价值净额（计算抵押品前/后）

资料来源：*BIS*,*ISDA*

1990 年代，随着欧元的统一，欧洲市场实现了集中交易，并根据主协议欧洲货币联盟协议，妥善处理了各币种的存续交易，成立了中央清算所（CCP），实现了绝大部分交易的集中清算。

金融危机以前，欧洲的利率衍生品市场也主要以伦敦同业拆放利率（LIBOR）为标的，但金融危机发生后，市场开始怀疑 LIBOR 的合理性，因为 LIBOR 是一种报价利率，而非真实成交利率，市场开始青睐具有真实成交背景的伦敦银行间同业拆借利率 OIS，金融危机后，信用风险导致投资者更倾向于使用 OIS 作为抵押品的贴现，而欧洲银行间市场的掉期交易 90% 以上都有抵押，OIS 由于每天计算利息，风险较小，越来越受到欧洲市场的青睐，但仍受制于当前客户负债以 LIBOR 为主的制约。欧洲金融专家认为，OIS 在未来 5~10 年的时间内将会有较大的发展，同时当我们提高中国目前最活跃的互换就是以真实成交的回购利率作为标的时，他们表示非常赞赏和惊讶。因此，OIS 和中央清算在未来的欧洲利率衍生品市场将会成为重要的发展方向。

二、利率衍生品介绍及风险管理

众所周知，LIBOR 作为衍生品浮动端最常用的利率，即伦敦同业拆借利率，是伦敦的第一流银行之间短期资金借贷的利率，是国际金融市场中大多数浮动利率的基础利率，也作为银行从市场上筹集资金进行转贷的融资成本。LIBOR 通常是由几家指定的参考银行，在规定的时间（一般是伦敦时间上午 11:00）报价，去掉最低和最高利率，然后计算算术平均利率，通常衍生品使用 3 个月和 6 个月的 LIBOR。EONIA 是欧元银行同业隔夜拆借利率，为欧洲银行间同业隔夜拆借利率按拆借额加权算出的平均利率,类似于我国的隔夜回购利率,主要以货币政策执行与短期流动性预期为驱动。与欧元银行同业拆借利率相比,欧洲金融专家认为 EONIA 更加透明与稳定,基于实际交易并以每天为单位。

对于远期利率协议、利率掉期、利率期货及利率期权等产品特点及相关交易策略建议,主要强调以下几点:

1. 通常,远期利率可以从 LIBOR 曲线中计算出来,但是在金融危机中,由于流动性和信用风险的原因,该计算方法不一定有效。

2. 利率互换的固定利率由远期利率的平均值决定,而远期利率是不断变化的,所以利率掉期的市值随未来浮动利率预期而改变。利率掉期估值时,首先,选择估值曲线,通常选择曲线的方法为:超短期使用货币市场工具,短期使用利率期货,长期使用掉期率;然后,从估值曲线中推算出零息曲线,并从中得到远期利率,利用贴现曲线即可得到相应产品的现值。而贴现率的选取至关重要,不同的公司可以应用不同的贴现率,这是因为各公司的借贷和股本成本不同,而且不同的 CSA 协议标志着不同的贴现曲线与不同的互换价格。

3. 利率互换通常的管理工具有久期和 DV01,久期指金融工具价格变化相对于利率变化的敏感值,DV01 为一个基点利率变化的货币价值。通常为对冲利率风险,最有效的工具就是久期或者 DV01,但由于久期本身对利率也有敏感性,因此需要进行动态的 gamma 对冲,即防止利率曲线在发生陡峭、平坦、蝶形变化时产生新的敞口。

4. 期货和远期的区别在于,远期特指两方之间非标准化的协议,同时,它是一种场外交易(与期货相比,具有高灵活性),而期货是正规交易所内的交易。在远期合同中,对手方的风险非常高,即无中央对手方或抵押品支付。

5. 常见的流动性比较好的利率期权有：利率上限期权（CAP）、利率下限期权（FLOOR）和利率掉期期权（SWAPTION）。期权价格影响的主要因素为利率当前的市场价格、执行价格、到期日和波动率。在期权进行交易的时候，即使现货对你的头寸有利，也不一定能赚钱，因为波动率的不利变动可能抵消甚至超过现货市场的有利波动。

对于银行利率衍生品的风险管理，首先应当明确管理的目标是什么，有哪些敏感因素会影响组合收益，并且应当是逐日控制的。因此，首先要确定公司可承受的风险，这基于公司的风险文化，然后利用各种指标如DV01、VAR 等限额来控制组合的风险敞口，最后通过逐日的控制来实现以上各种条件下的交易。金融专家介绍，在风险管理中，模型的复杂及是否更精确不重要，重要的是模型能不能告诉我们整个风险的全貌，压力测试、情景分析及回测对于风险管理很重要。

金融危机后，银行评估客户进行衍生品交易是否合格显得非常重要，否则银行经常会背上欺诈等罪名。但是评估一个客户是否合格进行衍生品交易就如同"法拉利会不会在卖每辆跑车之前评估一下买车人的驾车能力"一样富有哲学意义。很难有人说长期资本管理公司没有足够的能力管理其资产，因此事前的风险评估，对于利率衍生品的营销人员来说，了解客户是在投机还是对冲，了解客户的决策能力很重要，但这些最终要凭借营销人员的判断。银行进行风险披露及压力测试可以避免未来可能的冲突，而且银行也应该做好足够的准备，防止由于利率衍生品销售而带来的声誉等损失。

三、利率衍生品会计处理

利率衍生品的会计处理在我国刚刚开始,很多会计原则都在学习中,金融专家介绍,根据 IAS 39 & ASC 815 衍生品会计条款,衍生品除在收益和亏损时进行公允价值计量外,有两种情况例外:(1) 金融保障契约中的衍生品,或 (2) 一种别指定的有效的套期保值文书(套期保值会计)。

金融保障契约(Financial Guarantee Contract)是要求发行者进行指定的付款以补偿持有人,根据原始或修改过的债务证券条款,在某一特定的债务人在到期之日没有支付而造成的损失起初认作为 FV(倾向于是受到的首付款),然后认作为更高(层次)的;或有资产和或有负债数额根据 IAS 37 条款决定;初始认可的数额(减去任何分期偿还的债务)。

套期保值的目的是在会计周期内匹配收益和亏损。通常套期保值会计是非强制行的,但必须符合某些严格的要求以符合其相关资格。对于默认的衍生金融工具的条款的目的,是保证其在收益报表中的收益和损失账目中的收益和损失值在一个公平的水平。

套期保值也存在会计错配的可能性,利用套期保值会计会带来巨大的利益,如在会计周期内允许调配收益与亏损或者在收益与亏损账目中降低波动等,但也会有成本,比如文件编制过程费时,需要繁重的有效性测试,需要财务报表披露等。

套期保值分为公允价值套期保值和现金流套期保值,公允价值套期保值比如固定利率债务或者资产,现金流套期保值比如浮动利率债务或资产,主要区别在于公允价值套期保值主要看衍生资产和被套期资产之间的公允价值变动的套保情况,而现金流套期保值主要看套期资产和被套期资产的未来现金流匹配。

当套期保值会计工具售完或过期、套期保值不再符合套期保值会计的要求、公司指定套期保值关系时,应停止套期保值会计。

进行套期保值时,初始阶段需要对套期保值的关系和实体风险管理目的和战略正式地指定和记录,这些包括记录至少要包含:实体风险管理目的和战略,套期保值项目的细节,套期保值工具的细节,被套期保值的风险,有效性如何评估等。在套期保值中,需要保证套期保值期待是较高的(80~125%)有效("预期测试")。

四、中央清算

欧洲利率衍生品市场发展到 1990 年代的时候,随着货币的统一,中央清算逐渐出现并成熟,中央清算并不意味着掉期特点的标准化,掉期可同时保持它的特性。互换交易商可通过伦敦清算所清算大部分利率互换交易。

图 3 伦敦清算所的清算示例

在金融危机中,由于清算所的作用,雷曼兄弟的倒闭只使用了其初始保证金 35% 用于平仓,大大降低了市场的风险。

金融危机后,监管环境发生了重大变化,监管者开始关注交易信息的透明度,场外衍生品的标准化,积极提倡标准化的衍生品通过中央清算,并关注交易双边通过担保品来缓释交易对手的信用风险。而中央清算对市场参与者是最大的变动,主要的掉期参与者将绝大部分标准的场外衍生品交由清算所统一清算。

目前全世界的清算所有 LCH SwapClear、IDCG 和 CME, LCH SwapClear 于 2009 年 12 月运营,经历了雷曼违约的实践,法律模型基于 ISDA(国际掉期交易协会),支持的产品以掉期为主,交易和担保品完全隔离,不支持期权的清算,主要监管机构为英国金融服务局,IDCG 于 2008 年 12 月开始运营,在期货的处理上具有优势,立足于美国,不适用 ISDA,产品主要限于美元普通掉期,CME 清算历史较长,2009 年 12 月又推出了 CDS 的客户清算服务,立足于美国,接受的担保品范围较广,不适用 ISDA,产品限于美元和欧元的普通掉期。这三家清算所通过接受会员的机制,而会员的要求各家清算所不一样,主要从保证金、资本金、参与违约管理流程的能力和承诺、风险管理及运营能力、信用评级等方面考虑会员的资质。

五、总结及建议

全面了解了欧洲的利率衍生品和经济状况后,笔者认为:

中国利率衍生品市场目前品种较少,成交量虽然有较大增长,但与基础产品相比仍然规模较小,一是受制于现有的中国利率体制;二是由于利率衍生品规避风险的功能还没有完全挖掘出来,银行、保险及企业客户的套期保值的需求没有完全释放;三是产品相对较少,建议在利率体制上更进一步,并研究利率衍生品套保会计处理,增加诸如利率期权的衍生产品。

中国利率衍生品市场目前绝大部分都没有进行抵押品,没有签署 CSA 协议,根据国外成熟市场的经验,CSA 协议对于衍生品交易的信用风险控制效果非常好,因此建议推动 CSA 协议及其相应中后台管理的操作。

欧洲利率衍生品市场研究(二)

张 鑫

一、欧洲利率衍生品市场发展动态

1.2011 年市场快速增长。欧洲利率衍生品市场始于上世纪 80 年代初,当时德意志银行达成了第一次利率互换交易,此后开始爆发性增长,涵盖了利率互换、利率远期、利率期货、利率期权等产品。根据国际清算银行估算,利率衍生品占全部衍生产品名义本金的 75%～80%,而欧洲已是全球最大的利率衍生品市场。2010 年末,以欧元计价的利率衍生品名义本金额达到 177.8 万亿美元。

次贷危机后,该市场保持平稳发展的态势,但发展速度较危机前明显下降。原因在于:危机后,一部分投资者对衍生品交易对手风险的担忧加剧,退出了利率衍生品市场;投资者对利率单边下降的趋势达成共识,也抑制了利率衍生品交易。但与信用衍生品市场不同,利率衍生品的交易量即使在投资者极度规避风险的 2008 年和 2009 年也未出现大幅跳水的现象。

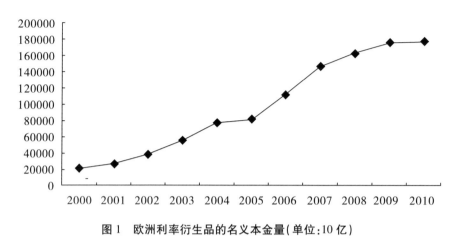

图1　欧洲利率衍生品的名义本金量(单位:10亿)

展望未来,欧洲利率衍生品市场可望重新恢复快速发展的态势。一方面,2011年4月份欧洲央行首次加息,表明欧洲央行开始推动利率正常化的进程,利率的不确定性促进了市场的投机活动,这带来了利率衍生品市场流动性的复苏;另一方面,希腊债务危机的发生也大大刺激了投机和避险需求,投机者对希腊能否自行融资和希腊债务危机溢出效应的投注创造了利率衍生产品的大量交易。

2.利率标的发生变化。次贷危机爆发前,欧洲的利率衍生品市场主要以伦敦同业拆借利率(LIBOR)为标的。危机发生后,市场开始怀疑LIBOR的合理性,因为LIBOR是一种报价利率,而非真实成交利率,市场转而青睐具有真实成交背景的伦敦银行间同业拆借利率(OIS)。OIS由于每天计算利息,风险较小。欧洲银行间市场的掉期交易90%以上都有抵押,危机后,尽管客户负债仍以LIBOR为主,但信用风险导致投资者更倾向于使用以OIS作为抵押品的贴现。

3.利率衍生品交易既有交易所场内交易,也有场外(OTC)交易。目前仍以场外交易为主。但从趋势看,场内交易将在未来的利率衍生品交易上发挥越来越重要的作用。法国巴黎银行的专家认为5年后场内利率衍生品交易很可能将占据主导地位。场内的利率衍生品合约与场外市场的合约相比:价格更加透明,逐日盯市计算保证金,采用中央对手方减少信用风险,流动性好,可确保交易者随时调整期权头寸。场外合约最主要的优势在于其灵活性和多样性,劣势在于流动性要差一些,信用风险也要大于交易所交易的合约。

二、欧洲信用违约互换(CDS)市场发展动态

1. CDS经过高速发展后向理性回归。CDS最早出现于1994年,由摩根银行完成,目的是转移表内信用风险。21世纪前十年,CDS快速发展,成为最具流动性的信用风险交易工具。2001年出现CDS指数交易,2002年CDS交易商开始超出银行范围,2005年复杂信用衍生品大规模发展,2007年全球CDS名义本金存量超过60万亿美元。2008年危机出现后,CDS市场规模大幅下降,向理性化回归。

2.受希腊债务危机等事件的影响,主权CDS日益受到关注。主权CDS占政府债务风险敞口比例仍然较小,2011年初希腊主权CDS名义本金余量占其政府债务余量的比例分别为2%。主权CDS常见的信用事件包括拒绝清偿、延期还款、支付违约、债务重组。主权CDS产品还有很多待探讨明确的问题。例如,主权CDS的标的债务可能出现软重组、主动重新规划的情况,市场可能难以预期信用事件的发生。又如,各国可能对主权债务的持有人、交易场所有较为严格的监管要求,拍卖结算涉及的可交付债务可能难以确定。

3.危机后,CDS交易惯例出现较大变化,交易要素呈现统一化趋势。

包括:信用事件确定机制及拍卖结算方式被广泛采用;信用保护有效期都采用 60/90 天回溯(Rolling Lookback)的方式确定,即 60/90 天之前发生的信用事件也算作 CDS 合约覆盖的信用事件;信用保护买方支付信用保护费的周期统一为季度,支付日期亦统一;不同市场分别统一了信用保护费率,其中欧洲市场为 25/100/500/1000bp 四种选择,北美市场为 100/500bp,亚太市场(日本、澳洲等国)包括 25/100/500bp 等选项等。

其中,信用事件决定委员会旨在确保信用事件触发的一致性与市场透明度。该委员会成员包括 10 家交易商投票人、5 家非交易商投票人和 3 家顾问机构。其主要职责是讨论决定单个信用衍生品是否达到结算条件,并就信用衍生品合约条款进行解释。

拍卖结算的实施是欧美场外信用衍生品市场改革的又一项重点举措。拍卖结算实质上是实物结算与现金结算的综合,希望实物结算的投资者可通过拍卖确定标的实物的价值;希望现金结算的投资者以拍卖成交价为依据进行现金结算。

三、2011 年欧盟监管改革的主要进展

1.相对于巴塞尔协议 II,巴塞尔协议 III 进行了多处修改。主要体现在三个方面:一是重新划定一级核心资本范畴。二是大幅提升资本金比率。普通股最低要求从 2% 提高到 4.5%,一级资本充足率从 4% 提高到 6%,同时引入 2.5% 的资本保留缓冲规定及 2.5% 的反周期缓冲资本。三是增加资本充足率标准补充方案,考虑引入 3% 的一级杠杆率指标。同时,还要求增加用于场外衍生产品的资本,在此框架下,风险价值的计算标准更为严格。

2.欧盟委员会于 2010 年 9 月发布了《欧洲市场基础设施监管》（EMIR）提案。该提案旨在通过加强对场外衍生产品的监管，推动中央对手方、交易信息库（Trade Repository）等市场基础设施的应用，以提高市场透明度、安全性与有效性，从而降低系统性风险。

提案要求所有金融机构（中央银行、管理国债的公共机构和多边发展银行除外）与其他金融机构交易对手达成的符合清算要求的场外衍生产品必须通过中央对手方清算。对于非金融机构，若持有的场外衍生产品头寸超过规定的"清算门槛"，也需进行中央清算，但"与商业活动直接关联"的套期保值合约除外。

提案规定中央对手方可以向欧洲证券与市场监管局（ESMA）申请清算资格，ESMA 也可认定"合格"清算产品的类型。此外，市场参与者针对非中央清算的场外衍生产品交易，应采用一系列风险缓释技术，以更好防范对手方风险。

无论是否强制中央清算，提案要求金融机构必须在合约生效、清算或修改后的一个工作日内，向交易信息库报告合约细节。如果交易信息库无法记录，交易双方必须向其母国监管当局报告。非金融机构所持有的头寸超过"信息披露门槛"时，也有报告义务。

提案将交易信息库定义为集中搜集和维护场外衍生产品市场信息的实体，以更好实现上述的交易信息报备要求。提案对交易信息库提出了一系列的监管要求，例如欧盟要与第三国达成关于信息共享的机制安排，并赋予 ESMA 批准第三国交易信息库的权利。

3.欧盟修改金融工具市场指令（MiFID）。MiFID 旨在统一欧盟各国要求，提高透明度和竞争性，降低交易成本，增强对投资者的保护，以建立一个高度有效、统一的市场。原来主要针对股权类金融工具和产品,危机爆发后,欧盟修改该政策以覆盖场内外全部衍生产品。MiFID 对场外衍生产品的交易方式、透明度和头寸设置提出进一步要求:场外交易尽可能地移至有监管的交易场所;更为重视交易后透明,同时交易前透明也在考虑之内;监管者密切关注交易者的衍生产品头寸,可能进行头寸限制。

4.加强对裸卖空的监管。考虑到德国单方面实施禁令可能造成的市场混乱,降低在紧张时期由于卖空对金融市场带来的不利影响,提高市场透明度。2011 年 11 月提交了《欧洲议会和欧盟理事会关于裸卖空和信用违约互换特定问题的规定(建议稿)》,建议对股票、主权债务和 CDS 的卖空交易制定更加严格的头寸披露规定。目前卖空规则仍在讨论中。

四、市场机制建设

在一系列监管政策的指引下,欧洲场外衍生产品市场发生显著变化,新一轮的市场机制建设蓬勃发展。

1.中央清算机制加强。随着欧洲利率衍生品市场的发展和欧洲货币的统一,到上世纪 90 年代的时候,中央清算逐渐发育成熟。互换交易商可通过伦敦清算所清算大部分利率互换交易。金融危机中,由于清算所的作用,雷曼兄弟的倒闭只使用了其初始保证金 35% 用于平仓,降低了违约的外溢风险。危机后,欧洲金融市场的主要参与者开始将绝大部分标准的场外衍生品交由清算所统一清算。

目前针对场外衍生品,全世界有 LCH SwapClear、IDCG 和 CME 三大清算所。上述三家清算所的会员要求存在差异,市场应用各有优劣。

	LCH SwapClear	IDCG	CME
运营	2009 年 12 月	2008 年 12 月	2009 年 12 月 CDS 清算
优势	经历了雷曼违约的实践,有风险处置经验;法律框架源于 ISDA,具有较强的通用性;支持的产品以掉期为主,客户群广泛,占据衍生品的主体市场	在期货的处理上具有优势	清算历史较长;接受的担保品范围较广
劣势	主要监管机构为英国金融服务局,对美国市场影响力稍逊	立足于美国,不适用 ISDA;市场认可度较低	立足于美国,不适用 ISDA;产品仅限于美元和欧元的普通掉期,适用性较窄

2.金融衍生品交易信息库建设快速推进。目前已初步形成利率、信用、股权三类衍生产品的统一交易信息库。

其中场外利率衍生产品方面,2009 年,ISDA 指定 TriOptima 建立利率衍生产品交易信息库。目前有 14 家机构定期提供数据,另外还有自愿提供信息的机构。该信息库向监管者提供月度报告,并在网站上提供每周统计数据(包括未到期名义本金和交易笔数)。

在信用衍生品方面,美国托管结算公司(DTCC)的衍生品服务子公司 Deriv/SERV 是信用衍生品市场上唯一的交易数据登记机构。通过其交易信息仓库,在信用违约互换交易中引进中央清算制度,从而实现集中净额结算和资产管理。该库登记了全球绝大多数的 CDS 交易。几乎所有的交易商和买家成员,以及 15 家第三方服务供应商已经与其联网并使用其数据。

3.交易对手信用风险管理技术不断完善。在衍生品的信用风险管理中,重点在于交易对手信用风险以及信用估值调整(CVA)。

　　传统上,交易对手选择是双向过程,一般给有较高评级的交易对手赋予一个交易信用限额。但是,交易对手风险始终存在。当衍生品敞口的规模变大,交易对手的信用资质范围扩大,交易对手信用风险不应该再被假设为是不重要的。信用估值调整就是给交易对手信用进行估值、定价和对冲的过程。

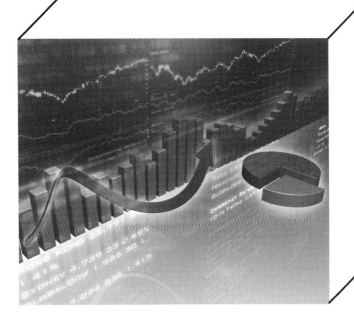

亚洲
Asia

香港人民币债券市场调研报告

吕世蕴　白伟群　宗军　范瑞星　王祎

一、香港人民币债券市场发展概况

(一)背景起源

香港人民币债券是指在香港特别行政区内发行的、以人民币计价的债券,俗称"点心债券"。香港人民币债券市场的形成与发展,是市场需求与政策推动共同作用的结果。

1.市场需求

香港的离岸人民币业务以 2004 年香港银行正式开办人民币业务为起点,此后人民币业务规模和范围不断扩大。截至 2012 年 5 月底,已有 196 家银行成为香港人民币清算平台的参加行,其中 170 家由外资持有或在境外经营业务;海外银行在香港银行开设的人民币代理账目共计 1100 多个,香港银行对海外银行的应付及应收款项分别达到 1280 亿元和 1460 亿元人民币,显示全球不同地区银行积极利用香港平台和资金池向客户提供人民币服务。

2009 年跨境贸易人民币结算试点启动后,通过跨境人民币结算净流入香港的人民币资金快速增长。香港金管局数据显示,2011 年经香港进行的人民币贸易结算总额达 19150 亿元,相当于 2010 年的 5 倍多。截至 2011 年末,香港人民币存款余额 5885 亿元,同比增长 87%,占香港同期银行机构存款总额的 10%左右。人民币在香港已成为继港币和美元之后的第三大货币。进入 2012 年,受人民币升值汇率预期变化及银行大量发行大额存单(CD)等因素影响,香港人民币存款总量略有下降,但至 2012 年 3 月底仍维持在 5543 亿元。

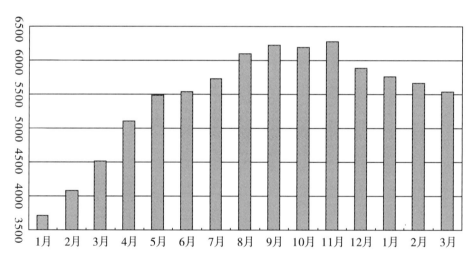

图 1　2011 年 1 月—2012 年 3 月香港市场人民币存款月度走势(单位:亿元人民币)

随着香港人民币存款的不断增长,这部分人民币资金的投资需求逐步显现,各种人民币金融产品相继出现。以人民币计价的大额存单、结构性存款、保险理财产品和投资基金等受到了投资者的青睐,同时也为香港人民币债券市场的发展创造了条件。

2.政策推动

2007 年 6 月,中国人民银行、国家发改委共同颁布了《境内金融机构赴香港特别行政区发行人民币债券管理暂行办法》,标志着香港人民币债券市场的开端。2011 年 8 月,国务院副总理李克强在港宣布把跨境贸易人民币结算范围扩大到全国、支持香港企业使用人民币到境内直接投资、允许以 RQFII 方式投资境内证券市场等措施,突破内地与香港资本市场的藩篱,使人民币回流机制在香港人民币投资、债市、股市和汇市四大领域齐备,成为推动香港离岸人民币中心发展的重要举措。2012 年 5 月,国家发改委发布了《关于境内非金融机构赴香港特别行政区发行人民币债券有关事项的通知》,在支持境内机构赴香港发行人民币债券的同时,对发行条件、审批流程、资金用途等相关事项进行了规范,有力推动了香港人民币债券市场的发展。

中央政府从巩固香港国际金融中心地位,促进香港长期稳定繁荣出发,2009 年起连续三年在港发行人民币国债,发挥了积极的示范效应和政策影响,促进了香港人民币债券市场的深化。

同时,为助推香港离岸人民币业务发展,金管局陆续推出"放宽对人民币未平仓净额的监管规定""提供短期人民币资金"等多项措施,并与英国财政部倡导成立合作小组,推动双方在发展离岸人民币业务方面合作。2010 年 2 月,香港金管局出台了《香港人民币业务的监管原则及操作安排的诠释》,针对香港人民币债券市场规定:"在发债体范围、发行规模及方式、投资者主体等方面,均可按照香港的法规和市场因素来决定"。

（二）发展现状

1.市场规模不断扩大

自 2007 年国家开发银行在香港发行第一笔人民币债券起,截至 2012 年 4 月底,香港人民币债券总发行笔数为 169 笔,总发行额达 2118.98 亿元,平均每笔发行额约为人民币 12.5 亿元。目前人民币债券存量为 1768.98 亿元,占香港人民币存款总额的三成左右。其中,2011 年香港人民币债券取得突破式发展,发行量达 1166 亿元,较 2010 年增长近两倍。

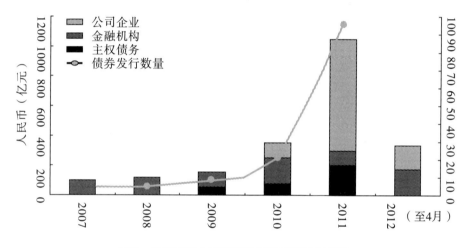

图2　香港离岸人民币债券发行量及发行笔数

2.发行主体逐渐多样化

2009 年之前,香港人民币债券的发行主体主要为内地的金融机构。2009 年,发行主体扩大至国家财政部及香港银行在内地的子公司。2010 年,进一步扩大到非金融机构企业,以及亚洲开发银行、世界银行等国际开发机构等,发行主体的种类和数量均逐渐增多。惠誉提供的数据显示,香港人民币债券发行机构的数量已从 2010 年的约 20 家增至 2011 年的 100 家左右。

企业债券的发行已赶超金融机构债券,跃升成为香港离岸人民币债市的第一主力,且内地的有关发债体从央企扩展到了地方国企,另有大批美、欧企业相继赴港发行人民币债券。2011年起,境内外企业在香港的人民币债券发行量出现井喷式增长,在当年债券总发行量中占据了70%以上的份额。金管局数据显示,2011年在香港发行的人民币债券增至1080亿元,是2010年发行额的3倍。

截至2012年4月底,内地及香港企业类发行人发行量占总发行量的50%,国外企业类发行人发行量占比12%。不同类型的发行主体在香港发行人民币债券,使得香港人民币债券市场的深度及广度不断增加。2012年2月,拉美无线服务提供商America Movil在港发行了10亿元点心债,是首只在美国证监会注册的人民币债券。

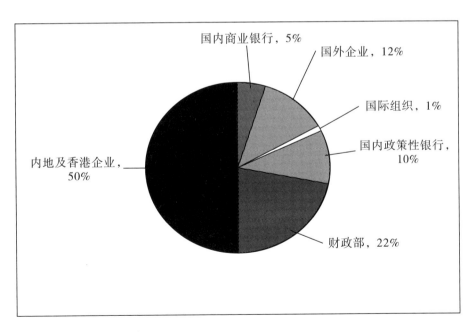

图3　不同类型发行主体发行量占比(截至2012年3月底)

发行人选择在香港人民币市场发行债券,除融入资金外,还有四方面的重要原因:一是在香港发行人民币债券的融资成本低于贷款或在内地发行债券;二是发行人希望能率先进入人民币离岸市场,以熟悉市场环境与投资人群体,占领先机;三是多数国外发行人通过发行人民币债券的方式来支持其在中国内地的业务发展,同时避免汇率损失;四是通过香港的货币互换市场,发行人还可将筹集到的人民币资金转换为其他货币头寸使用。

3.投资者更加多元化

目前,香港本地的投资者占据整个市场份额的 50% 左右,主要包括基金公司、证券公司、保险公司等机构投资者,也包括个人投资者。同时,越来越多的境外机构开始投资香港人民币债券,范围覆盖了亚洲、欧洲、中东及非洲。这些国家及地区投资者的人民币资金多数来源于贸易结算,但也有部分投资者通过货币兑换或货币互换得到人民币头寸后,再进行人民币债券投资。

由于目前香港人民币债券市场存量、债券品种等有限,同时人民币投资产品尚比较缺乏,因此市场投资者多以持有为主,二级市场交易并不十分活跃。

4.债券品种日益丰富

香港人民币债券市场中,1 年、2 年、3 年、5 年、7 年、10 年、15 年品种均有发行,已涵盖从短期到中长期的主要年限。已发行的债券品种主要集中在中期,其中 3 年期债券所占比重最大,达 50.3%,其次为 2 年期和 5 年期,1 年期以下短期与 5 年期以上长期品种发行量不到 10%。而目前市场对 5 年期以上的长期债券需求逐渐增强,尤其是保险公司类投资者的配置需求较为迫切。2012 年初,国家开发银行发行了 25 亿的 15 年期债券,为当前市场年期最长的人民币债。

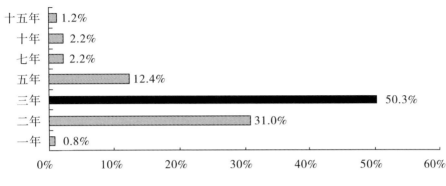

图 4　离岸人民币债券发行期限分布(截至 2012 年 4 月底)

2011 年底,工银香港在香港率先发行符合巴塞尔协议三要求的次级债券,由中银香港等机构负责承销。该债券总额为 15 亿元人民币,期限为 10 年,票面利率为 6%。对于投资人来讲,该类别的次级债风险较高,但收益率高于在港发行的一般金融机构人民币债券,因而深受私人银行等客户的欢迎。对于发行人来讲,由于发行这种次级债所筹措资金可以直接用以充实资本,因此相比配股、增发等股权手段而言,其融资成本相当具有吸引力。

5.定价机制市场化特征明显

香港人民币债券的发行利率主要由市场需求、发行主体信用等级、人民币币值预期等因素共同决定。在 2011 年年底之前,由于人民币投资产品稀缺,发行人主要以信用等级高的国内大型机构为主,再加上人民币升值预期强烈,香港人民币债券发行利率普遍较低,且很多不需要信用评级。近期,随着债券发行量的不断扩大,国外不同信用等级发行人陆续加入,取得国际评级机构的信用评级已逐渐成为发债的前提条件。来自香港金管局的数字显示,2011年获得评级的离岸人民币债券所占比重增长超过60%,且评级从非投资级别的BB-到最高评级的AAA都有。同时随着人民币升值预期减弱,香港人民币债券的发行利率逐步走高,收益率曲线也随之上扬,目前与内地债市收益率仅相差50bp左右,且收益率正逐步与内地市场靠拢。

(三)发行机制

1.机构发行与零售发行

从发行对象来看,香港人民币债券发行可分为机构发行和零售发行两种。机构发行类的债券只针对机构投资者销售,发行无需向香港金融监管部门提出申请,方便快捷,时间较短,整个发行准备过程仅需4~6周,发行在1~2个工作日内完成。

图5 机构发行流程示意图

零售发行类的债券允许个人投资者购买。为保护个人投资者利益,香港对于零售债券监管非常严格,需向香港证监会提交申请并获审批,手续较为复杂,时间也更长,发行准备过程在8~12周。不同于中国银行间债券市场,香港人民币债券零售发行是由发行人先与承销商协商定价,然后个人投资者向承销商认购,最后再进行债券发行。此外,零售发行的债券需要向公众进行宣传,因此宣传及认购时间需要1~2周。

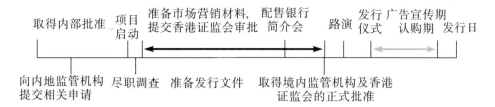

图6 零售发行流程示意图

2.簿记建档与招标发行

香港人民币债券发行以簿记建档方式为主。2011年,香港金管局债务工具中央结算系统(CMU)开发了债券招标系统,并首次运用于人民币国债发行及部分境内机构债券发行中。簿记建档发行一般需1~2个工作日,而通过CMU招标发行在1个工作日内即可完成。

目前,对于面向机构发行的债券,承销商可通过CMU债券招标系统的投标平台进行竞价投标。招标以利率为标的,目前仅有荷兰式投标一种方式,即在竞价投标中获接纳的最高中标利率为该年期债券的发行利率,中标投资者以发行价获配发债券。

合格投标者可通过CMU系统直接投标,非合格投资者须通过向合资格投资者下订单进行间接投标。合格投标者须满足三项条件:一是必须为中央结算系统成员;二是须在投标日投标时间开始前已签署并向CMU递交债券投标平台细则表;三是必须能够通过人民币即时支付结算系统进行DVP结算。

(四)托管结算机制

1.托管体系

香港人民币债券市场实行多级托管和间接持有体制。目前,香港人民币债券大约80%托管在CMU,20%左右托管在欧清、明讯等国际托管机构。CMU 一般只接受银行为其成员,所以投资者需通过托管银行与 CMU 的托管体系相联接。

2.结算制度

香港人民币债券市场以场外交易为主,没有集中的电子交易系统。结算制度为实时全额结算,包括纯券过户和券款对付两种结算方式。其中,CMU 系统与香港金管局的人民币支付系统联网实现 DVP 结算,而欧清、明讯等托管结算机构主要使用商业银行支付体系完成结算。

若交易双方均在 CMU、欧清或明讯单个托管结算机构平台内的,则由交易双方分别向各自的托管行发送结算指令,双方结算指令在托管机构的结算平台进行配对和券款对付。若交易一方为 CMU 系统成员,另一方为欧清或明讯系统成员,债券结算通过 CMU 与欧清和明讯的联网完成。若交易另一方为未与 CMU 联网的托管结算系统成员的,则需要通过托管代理行的方式完成结算。

(五)监管情况

1.分类监管

香港人民币债券市场的监管制度相对宽松,同时对不同类型的债券实行不同的监管措施:向机构投资者发行的债券,无须监管机构审批;面向个人投资者零售发行的债券,需向香港证监会提交申请并获准审批;在香港注册的金融机构发行和赎回次级债券,需事先报香港金管局审批。

内地机构赴港发债的资格及资金回流情况,由人民银行、发改委等监管部门审批。若发行人为国外机构,则无须接受国内监管机构监管。

2.信息披露

在信息披露方面,香港人民币债券市场的规定同样较为宽松:

对于面向机构投资者发行债券的信息披露,暂无统一的法律要求。一般由发行人按市场惯例,披露"投资者应当知晓的"信息。从目前情况来看,发行人信用等级较高,普遍能较好地向市场披露相关信息。

对于向香港公众发行的零售债券,须按《证券及期货条例》的规定进行信息披露,并交由香港证监会审批。

在港交所挂牌上市的债券,须按《香港联合交易所有限公司证券上市规则》进行信息披露。

3.上市规定

香港人民币债券市场虽以场外交易为主,但也可以申请在港交所上市。人民币债券在港交所上市交易,需按照《香港联合交易所有限公司证券上市规则》办理。零售债券在港交所上市的,须获得港交所审批,并抄送香港证监会。

二、香港债券市场金融基础设施介绍

(一)金融基础设施概况

香港资本市场金融基础设施的建设和运维由香港金管局负责。香港金管局的主要职责包括:在联系汇率制度的架构内维持货币稳定;促进金融体系的稳定与健全;巩固香港的国际金融中心地位;管理外汇基金。在金融基础设施发展建设方面,金管局的目标是建立安全、高效的多币种、多层次金融基建平台。

香港金融基础设施的主要项目包括:

●港币、美元、欧元及人民币 RTGS 即时支付系统

●CMU(债务工具中央结算系统)

● 与内地及海外的金融基础设施联网

在香港 RTGS 即时支付系统中,港币支付系统由香港金管局直接运营,美元支付系统委托汇丰运营,欧元支付系统委托渣打运营。2007 年 2 月,CMU 与人民币结算系统联网,为人民币债券进行实时 DVP 结算,该人民币支付系统由中银香港运营。中银香港担任香港人民币业务的清算行,负责人民币业务的最终清算。在所有人民币清算业务中,70% 左右由中银香港直接担任人民币清算行。在剩下的 30% 中,绝大多数通过代理行间接由中银香港清算,少部分通过内地中行由中银香港清算。①

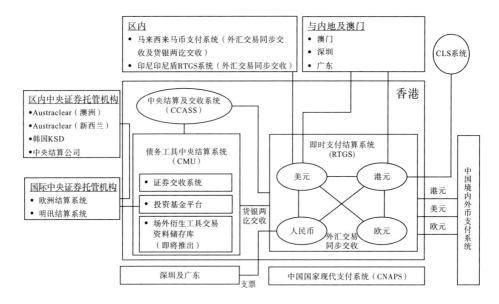

图 7　香港金融基础设施示意图

<hr>

　　① 2012 年 4 月 11 日,中国人民银行宣布,决定组织开发独立的人民币跨境支付系统(CIPS)。该系统建成后,会对中银香港的人民币清算系统有一定替代作用,实质是以央行货币替代商业银行货币为跨境结算服务。

（二）CMU 业务介绍

1.基本情况

CMU 于 1990 年成立,最初为外汇基金票据及债券提供电子结算交收服务。1993 年 12 月,结算交收服务扩展到其他港币债券,并于 1996 年 1 月扩展到非港元债券。目前,CMU 作为债务工具结算及托管系统由香港金管局负责管理,是香港债券市场基础设施的重要组成部分。CMU 由香港银行同业结算公司（HKICL）开发维护,香港金管局和香港银行业协会为该公司的股东。

CMU 为在香港发行的以港元及其他主要货币计价的债券（包括外汇基金票据、政府债券及企业债券等）提供高效率、一站式的清算、结算及托管服务。CMU 与欧清、明讯、澳洲 Austraclear、韩国 KSD、我公司等多家国际及区域内的中央托管机构建立了联网,成为安全高效稳妥的本地及国际债券结算交收平台,为香港、内地及海外投资者提供服务。

2010 年,CMU 系统的专用平台完全被 SWIFTNet 平台取代。2011 年,香港金管局与欧清合作推出亚洲共同平台,提供跨境结算、担保品管理和债券资料库等服务。该平台采用欧清系统,由欧清维护运营和实质控制。

2.基础业务

（1）发行

CMU 有支持一级市场发债的职能,包括外汇基金票据及债券、香港政府债券的发行,以及为银行及企业债券提供配售服务。其中,外汇基金票据及债券自 1993 年发行以来,一直都是透过 CMU 提供的平台以投标方式进行发售。而 2009 年之后发行的香港特区政府债券,亦是利用 CMU 平台以投标方式发售给机构投资者。

为扩大本地债券发行渠道,2007 年 6 月,金管局开始将 CMU 债券投标服务平台向本地债券发行人或其发行代理开放。这在既有发债渠道之下,为本地债券发行人多提供了一个选择途径。

2010 年 11 月 30 日,中央政府财政部金融司利用 CMU 债券投标平台为国债进行招标,向机构投资者发行国债。其后政策性银行及商业银行亦利用 CMU 投标平台向投资者发行人民币债券,年期品种及整体发行规模都有所增加。

发行人	投标日	期限(年)	申请额 (亿元人民币)	发行额 (亿元人民币)	超额倍数	票面 利率(%)
中华人民共和国 财政部	2010 年 11 月 30 日	3	297	20	13.8	1.00%
		5	141	20	6.1	1.80%
		10	55	10	4.5	2.48%
中华人民共和国 财政部	2011 年 8 月 17 日	3	377	60	5.3	0.60%
		5	171	50	2.4	1.40%
		7	93	30	2.1	1.94%
		10	53	10	4.3	2.36%
国家开发银行	2012 年 1 月 13 日	3	24	9	1.8	3.10%
		5	6	1	3.5	3.45%
交通银行	2012 年 3 月 8 日	2	32	7	3.6	2.98%
		3	17	3	4.7	3.10%
中国进出口银行	2012 年 3 月 30 日	2	121	30	3.0	2.70%
		3	73	10	6.3	2.90%

(2)托管

香港债券市场实行多级托管体制。CMU 系统成员包括 CMU 会员和认可交易商、港交所中央结算系统、期权结算所和期货结算所。CMU 为其系统成员开立债券一级账户,其他机构和个人投资者则根据需要在会员、认可交易商、港交所等开户。CMU 托管的债券包括外汇基金票据及债券、香港特别行政区政府债券,以及各种公共部门、私人部门发行人所发行的债券。

截至 2012 年 3 月底,CMU 托管的债券余额为 13873 亿港元,其中外汇基金票据及债券 6559 亿港元、政府债券 510 亿港元、公司债券 2659 亿港元、外币债券等值 4145 亿港元(含人民币债券 1515 亿元人民币)。[①] 从债券托管只数来看,CMU 托管了外汇基金票据及债券 115 只,政府债券 11 只,其他债券 1693 只。

(3)结算

CMU 为存放于系统内的所有港元、美元、欧元及人民币债券提供实时及日终 DVP 结算服务。可结算债券包括:外汇基金票据及债券、香港政府债券、法定机构(包括地下铁路公司、机场管理局及香港按揭证券有限公司)发行的债务工具、私营机构发行的债务工具,以及存放在欧清、明讯、澳洲 Austraclear 系统、韩国 KSD 的债券。根据香港《结算及交收系统条例》,所有经 CMU 处理的交易是最终及不可撤回的,这为结算最终性提供了法律支持。

CMU 采取日间全额、日终净额的债券结算方式。其中,净额结算的份额很小,仅针对结算日当日全额结算失败的交易进行轧差,且不存在中央对手方。CMU 系统与香港金管局的港元、美元、欧元及人民币结算系统联网,在债券结算中实现了 DVP。2011 年 4 月至 2012 年 3 月,CMU 处理的二级市场日均结算量为 3444 亿港元,其中外汇基金票据及债券 3347

---

① 外币债券中,人民币债券及存单等值 3299 亿港元、美元债券等值 759 亿港元、其他币种债券等值 87 亿港元。

亿港元、政府债券 40 亿港元、其他债券 57 亿港元。

1994 年起,CMU 先后与欧清、明讯、澳大利亚、新西兰和韩国的中央托管机构建立了双向联网,为香港和海外的投资者提供跨境结算服务。2003 年,CMU 与我公司单向联网,内地经批准可经营外汇业务的金融机构可以持有及结算在香港的债券。2011 年,香港金管局与欧清和马来西亚央行合作推出亚洲共同平台(Common Platform),提供跨境持有债券、债券结算 DVP、跨境担保品管理和公用债券资料库等服务。

3.增值服务

(1)投资基金平台

CMU 于 2009 年 8 月推出投资基金平台,提供一站式、标准化的基金投资平台服务。该平台以本地及国际市场参与者为对象,包括发出投资基金指令的投资公司、分销商与托管人及接受指令的过户代理及基金公司。

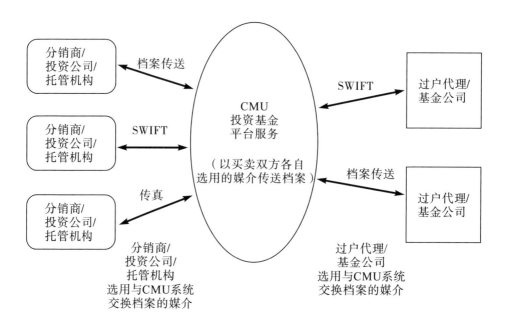

图 8　CMU 基金平台示意图

投资基金平台的业务范围包括:处理认购、赎回及转换指令;发出相应的确认及支付指示;提供定期报告;投资基金交收及托管;通过与过户代理的直接联系,以及与欧清、明讯的国际联网,扩大投资基金涵盖范围。

投资基金平台能够发挥如下作用:一是提供标准化、单一的接口,简化了整个业务流程,降低了运作风险及后台成本;二是实现全面直通式交易处理,提高运作效率、降低交收风险,提高投资者服务的满意程度;三是实现海外投资,本地服务,为国内基金经理提供众多的海外基金选择及位于同一时区内的客户服务和技术支持。

(2) CMU 系统债券报价网站

该债券报价网站"http://www.cmu.org.hk"于 2006 年 1 月推出,以互联网为基础,方便零售投资者于网上查阅香港金融机构所提供的债券买卖参考价格。

债券报价网站旨在通过提供市场上债券产品及其参考价格的数据,增加各界对产品的认识及提高价格的透明度,从而提升零售投资者参与债券二级市场的机会,借此促进香港零售债券市场的发展。

(3) 服务时间延长

CMU 系统目前每日的运作时间为 8:30 至 18:45。从 2009 年 11 月起,CMU 系统在元旦以外的所有香港公众假期也运行。

CMU 系统在公众假期的服务包括:提供日终及隔夜流动资金;提供美元及欧元即时支付系统;同一账户内部债券转账;与联网结算机构的相关债券及资金转账。

CMU 系统延长系统每日运作时间及提供公众假期服务的目的在于,为美元、欧元结算系统于公众假期提供流动资金管理,使银行能更有效地管理其资金的流动性,并有助于香港进一步发展成为区域内的结算枢纽。

(4)其他业务

CMU还为债券市场提供如下服务:为香港政府及法定机构代理安排,管理其发行的债券;建立做市商制度,为做市商提供债券借贷管理服务;为香港的流动资金支付机制,提供担保品管理服务等。

三、总结与体会

(一)香港人民币离岸债市发展迅速,为香港市场注入新活力,且呈现扩散发展的趋势

2009年后,香港人民币债券市场加速发展,2011年全年发行量更是超过了以往累计发行的总和。尽管总量仍与内地市场有较大差距,但香港离岸人民币债券市场已成为不可忽视的一股力量,受到内地、香港乃至全世界的密切关注。在中央政府各项政策支持下,香港已经发展为初具规模的人民币离岸金融中心。离岸人民币市场的发展为香港金融开辟了新天地。据金管局透露,人民币债券换手率已高于港币债券,人民币债券的引入为香港市场注入了活力。

近期,伦敦也推出政策措施,努力建设离岸人民币中心。2012年4月18日,伦敦金融城举行了伦敦人民币中心建设计划启动仪式,汇丰银行当日发行了在伦敦的第一只人民币债券,金额为10亿元人民币。伦敦目前仅有350亿元的人民币资金,人民币债券市场深度不及香港,清算也需依托香港人民币清算行进行。但伦敦作为国际离岸金融中心,在产品设计和客户资源方面有较大优势,有可能与香港共同做大资金池,发挥离岸

人民币债市在不同时区的协同效益。为此,伦敦方面和香港金管局签署了相关合作协议。此外,新加坡也有意发展人民币利率及其他产品。

(二)发展人民币离岸债券市场具有必要性,与人民币国际化、境内市场开放、支持香港金融发展等密切相关

一是可以和人民币国际化战略相结合。美日等发达国家经验表明,离岸债券市场的发展是本币国际化的重要标志。当境外人民币的存量增加到一定程度时,会形成较强的投资需求,离岸债券市场可以提供一定规模的储备资产池和人民币投资产品,以促进人民币国际化。

二是与中国境内金融市场开放步伐相适应,适度发展离岸市场是债券市场开放过渡阶段的一项重要选择。

三是可以与支持香港国际金融中心地位的战略相结合。值得指出的是,发展初期,在中央的各项政策力挺下,香港人民币中心得以占领先机。下一步发展应主要看香港市场自身的内生动力和创新力。

(三)离岸市场在快速发展中有待完善,也会对本土债券市场构成一定的挑战

目前,香港离岸市场自身也存在一些问题:香港离岸人民币债券中,80%左右托管在由香港金管局管理的CMU,另外20%托管在欧清、明讯等国际中央托管机构。因此,香港金管局作为人民币离岸债市的监管部门,不掌握人民币债券持有情况的详细信息,对于市场的掌控力不够。内地对其掌控力也不足,没有后续控制措施和手段。

另一方面,如果放任离岸市场,忽视本土市场建设,本土市场发展也面临一定挑战:一是有些境外机构在境内发行人民币债券有限制,因此选择在香港离岸市场发行,游离于本土中央登记结算体系。二是离岸市场

可控性较弱,离岸市场过度发展,可能导致人民币市场力量分散,甚至枝强干弱,离岸市场反过来主导本土的定价和走势。三是在跨境结算方面,许多内地机构对外债券投资借助国际投行,没有充分用好境内登记结算渠道控风险、降成本的作用,也不利于保守商业秘密,保护金融安全。

（四）树立发展本土市场的战略思维,加大对人民币债市的控制力,以应对离岸市场的机遇和挑战

推动本币国际化的根本仍在于在岸金融市场特别是债券市场的强大。本土债券市场的薄弱,特别是与离岸市场发展的不协调和滞后,最终会拖累本币国际化的步伐。为此,本土市场应积极谋划对策,加大对人民币债市的控制力,以应对离岸市场的挑战和机遇。

具体而言,上策是积极稳固本土市场,吸引境内外机构人民币债券的本土发行、交易、结算。应抓住当前有利时机,加快本土债券市场的开放,为境外机构在内地发债提供政策支持和设施便利,降低境内发行的壁垒,减少发行人特别是境内发行人对离岸债市融资的依赖性;同时,应扩大境外机构进入本土市场的范围,吸引外国政府机构、非政府组织、长期机构投资者等投资,加大本土市场的吸引力和竞争力。

中策是实现离岸、本土同时发售人民币债券,但纳入人民币债券中央托管体系。下策是离岸、本土分别发行,但对离岸发行的人民币债券,要求将发行数量等信息向本土市场托管机构通告,形成集中的人民币债券信息,这是最低限度的要求。

印度债券市场初探

王平　范瑞星

一、印度债券市场概况

印度证券市场的起源可以追溯到 19 世纪 30 年代孟买的非正式股票交易。1875 年,孟买证券交易所(BSE)成立,是亚洲历史最悠久的证券交易所。目前,印度债券市场是亚洲较大的债券市场之一。根据国际清算银行(BIS)统计,截至 2010 年 6 月底,印度债券市场总量为 6546 亿美元(约合 4.4 万亿元人民币),排在日本、中国和韩国之后列亚洲第四位。印度债券市场主要分为政府债券和公司债券两部分,其中政府债券包括中央政府债券、州政府债券、公共部门债券和其他政府机构债券,公司债券包括银行债券、非银行金融机构债券和普通公司债券等。

随着上世纪 90 年代早期开始的全面经济改革,1992 年,印度政府债券开始公开招标发行,实现了长期债券市场的利率市场化。由于印度政府债务规模急剧扩张,加上印度中央银行(RBI)积极推动相关基础设施建设、引入做市商制度等,政府债券市场发展很快,目前占印度债券市场总额的比例超过 80%。截至 2010 年 6 月底,印度政府债券总量约为 5641 亿美元(约合 3.8 万亿元人民币)。

政府债券的繁荣一定程度上造成公司债券的规模被压缩。印度公司债券市场的发展速度一直比较缓慢,市场规模较小,流动性也较差。为了改变这种状况,印度证券交易委员会(SEBI)近年来采取了很多措施来活跃公司债券市场,如简化公司债券上市文件、实现印花税收取合理化等,公司债券市场取得了相对较快的发展,但仍与政府债券的规模有较大差距。截至 2010 年 6 月底,印度公司债券总量约为 905 亿美元(约合 6100 亿元人民币)。

印度债券市场的监管主体为印度中央银行和印度证券交易委员会。根据 2000 年修正案,印度中央银行负责管理政府债券市场,印度证券交易委员会管理公司债券市场。为加强各监管机构之间的沟通与协调,印度专门建立了资本市场高层委员会,并成立了中央银行和证券交易委员会之间的技术常设委员会。此外,固定收益货币市场与衍生品协会(FIM-MDA)和一级交易商协会(PDAI)等作为行业自律组织,也承担了印度债券市场的部分监管和规范职能。

二、印度债券交易结算体系

(一)政府债券市场

1.批发市场

在印度中央银行的推动下,印度政府债券的询价交易平台 NDS 于 2002 年 2 月开始运作,并承担了政府债券的一级市场发行职能。同年,印度清算公司(CCIL)开始运作,负责政府债券市场的净额清算。

目前,印度政府债券通过 NDS 下的招标发行平台发行。印度中央银行首先把政府债券发行信息在招标发行平台上公布,由市场成员在平台上进行电子投标,由系统自动产生中标名单,将资金从中标市场成员开立于印度中央银行的资金账户中扣除,并将政府债券登记托管在这些市场成员开立于印度中央银行公共债务局的债券账户(SGL Account)。

在政府债券交易中,市场成员可以通过电话等场外方式成交,并将交易信息以电子方式输入 NDS,避免了原来处理纸质债券交易表格的低效率,降低了交易不确定性带来的风险。

为了进一步提高市场效率,2005 年 8 月,印度中央银行推出了名为 NDS-OM 的匿名指令匹配电子交易系统。NDS-OM 为印度中央银行所有,印度清算公司负责维护,是印度政府债券柜台或电话交易形式的重要补充。市场成员可以在 NDS-OM 中匿名输入买单和卖单,由系统根据时间和价格优先的原则进行匹配。该系统运行效率很高,操作简便,目前通过 NDS-OM 进行的印度政府债券交易已经超过了全部交易量的 80%。

在政府债券交易中,无论是电话成交还是通过 NDS-OM 成交,经过确认的批发交易信息都会报告给 NDS,再传输到印度清算公司。印度清算公司担任其清算的所有政府债券交易的中央对手方(CCP),采取债券和资金均多边净额 DVP 的结算方式。为了给参与者较多的操作时间,更好地管理其资金和风险,政府债券交易的结算时点统一确定为 T+1。

2000 年 10 月,印度中央银行允许印度的银行等金融机构与非银行客户之间通过国家证券交易所(NSE)和孟买证券交易所的会员进行债券交易,这标志着两家证券交易所也开始成为政府债券的交易平台。两家证券交易所大多数政府债券交易通过交易经纪商进行,并最终通过 NDS

报告给印度清算公司。印度清算公司担任交易的中央对手方,债券结算以净额 DVP 模式进行,结算时点为 T+1。

2.零售市场

除了机构间的批发市场以外,印度还推出了政府债券的个人零售市场。上世纪 60 年代前,印度政府债券零售市场相当发达,个人投资者持有的政府债券曾一度超过 50%。此后,随着利率管制和其他股权类工具的兴起,个人投资者对于政府债券的投资逐步减少。进入本世纪以后,在印度中央银行、印度证券交易委员会等政府部门的努力下,印度的政府债券零售市场有所恢复。2000 年,印度政府和中央银行宣布在政府债券招标中为零售投资人保留 5% 的非竞争性投标机会。2003 年,政府债券的零售交易在国家证券交易所和孟买证券交易所正式推出,标志着印度政府债券市场重新向个人投资者开放。

目前,印度个人投资者可以通过两家证券交易所的债券零售交易平台买卖政府债券。例如,孟买证券交易所建立了 BOLT (BSE Online Trading) 在线交易系统,该系统的网络由全国 410 个城市的 7000 个交易终端构成,并以价格/时间优先的原则进行电子指令撮合成交。

与股票账户类似,个人投资者的政府债券账户托管于 NSDL 和 CDSL 两家中央托管机构,并由两家托管机构分别在央行开立政府债券托管账户。两家交易所发生的政府债券零售交易分别由 NSCCL 和 ICCL 以多边净额的方式进行清算,其中 NSCCL 和 ICCL 分别是国家证券交易所和孟买证券交易所的全资子公司。交易所政府债券零售交易的结算周期为 T+2。

（二）公司债券市场

在印度公司债券交易制度改革之前,公司债券交易双方须将其交易信息报告给固定收益货币市场与衍生品协会。2006 年 12 月,为促进公司债券市场发展,印度证券交易委员会委托国家证券交易所和孟买证券交易所分别建立公司债券报告平台,公司债券交易双方可将交易信息报告给固定收益货币市场与衍生品协会、国家证券交易所和孟买证券交易所三个交易报告平台之一。2007 年,印度证券交易委员会要求国家证券交易所和孟买证券交易所推出具备场外市场特征的债券交易匹配平台,并逐步将其建成匿名指令匹配交易系统。经交易所匹配平台和交易系统达成的公司债券交易自动报告给相应交易所。固定收益货币市场与衍生品协会负责将自身和两家交易所收到的所有公司债券交易信息在其网站上公布。尽管交易所公司债券交易有较快发展,但总体来看,印度公司债券的交易主要仍以场外的方式进行。

根据印度证券交易委员会要求,2009 年 12 月开始,无论是在场外还是交易所债券平台进行的公司债券交易,都必须经 NSCCL 或 ICCL 进行清算和结算。它们对市场成员的资金和公司债券交割实施担保,负责对公司债券交易实施逐笔全额的 DVP 结算,结算时点为 T+0、T+1 或 T+2。今后,公司债券将逐步过渡到证券和资金均净额的 DVP 结算方式。

印度债券市场交易结算架构现状

印度债券市场		政府债券				公司债券	
交易	交易方式	场外/NDS	NDS OM	两家交易所批发市场	两家交易所零售市场	场外	两家交易所
	交易报告系统	NDS			两家交易所	FIMMDA 两家交易所	
结算	清算机构	印度清算公司（CCP）			NSCCL/ICCL（CCP）	NSCCL/ICCL	
	托管结算	印度中央银行			NSDL/CDSL（在央行持有账户）	NSDL/CDSL	
	结算方式	净额 DVP			净额 DVP	全额 DVP	
	结算时点	T+1			T+2	T+0-T+2	

三、印度债券估值机构

印度债券市场的债券估值和信息服务职能主要由 CRISIL 公司提供。CRISIL 原来是印度本土评级公司,后来被标准普尔收购为子公司,是印度资本市场中领先的评级、研发、风险管理和政策建议机构。CRISIL 在其研究部内设基金服务部,为印度共同基金行业提供排名、桌面工具、定制研究、估值工具和市场业绩标准等,其成果已被广泛认定为行业标准,是印度共同基金评估服务和风险解决方案的领先提供者。

（一）估值服务

印度的债券市场仍处于发展之中,现存的政府债券只有 10 至 15 只有较好的流动性,公司债券的流动性则更差,这使得准确估值非常困难。由于市场深度不够,使得交易集中于某几只债券,价格发现的效率很低。因此,为了将经济原理与统计数据相结合以更好地为债券估值,印度共同基金协会(AMFI)对于债券估值方式的开发给予了高度支持,并指定由CRISIL 基金服务部为印度的固定收益基金和混合型基金提供业绩基准。印度证券交易委员会也指定 CRISIL 估值模型为印度公司债券估值的唯一标准。依照印度证券交易委员会的指导规则,CRISIL 基金服务部还帮助客户对投资组合中的公司债券组合进行估值,并研究出政府开发贷款的估值方法,帮助投资者在交易量较低的情况下准确估值。此外,CRISIL 还将其债券估值矩阵提供给固定收益货币市场与衍生品协会,经其确认后作为银行类金融机构持有公司债券估值的基准。

目前,CRISIL 基金服务部为在印度经营的所有资产管理公司、众多保险公司、银行和所有主要托管机构提供债券估值服务。CRISIL 的债券矩阵成为行业标准已经有十年时间,并经受住了共同基金、保险公司等长期使用的检验。

一般来讲,CRISIL 并不直接提供估值价格,而是将债券估值矩阵提供给使用者自行估值。CRISIL 使用主权类无风险利率作为基准利率,根据不同信用风险类别和修正久期类别调整利差,以形成信用风险久期矩阵,即 CRISIL 债券估值矩阵(BVM)。CRISIL 债券估值矩阵就是相对于政府债券的利差矩阵,适用于不同信用级别和不同久期类别的债券。

(二)指数及数据服务

CRISIL 现阶段开发并维护着 7 只标准指数,被资产管理公司用作衡量基金业绩的重要指标。CRISIL 基金服务部提供的标准类固定收益类指数基准包括:CRISIL 债券基金综合指数、CRISIL 短期债券基金指数和 CRISIL 流动基金指数,提供的混合类指数基准包括:CRISIL 平衡基金指数、CRISIL MIP 混合基金指数、CRISIL 75+25 混合债券指数和 CRISIL 60+40 混合债券指数。

CRISIL 基金服务部还为固定收益市场提供数据服务,包括每只债券发行和交易的数据信息。CRISIL 固定收益数据库中记载的信息包括:证券类型、证券名称、票面利率、交易价格、交易量、交易到期收益率、最终赎回日期、剩余期限、付息信息、不同机构评级和总交易量等。

马来西亚、印度尼西亚估值机构研究

王平　宋万斌　卢遵华　丁彤　欧建波　王超群

一、马来西亚 BPAM 基本情况

亚洲金融危机过后,马来西亚监管当局采取一系列措施提高该国金融体系运行的稳定性。2001 年至 2004 年,马来西亚证监会和央行便开始了建立债券估值机构的讨论研究工作。2004 年,以提供债券估值为主要业务目标的 BondWeb 公司建立。2006 年 4 月,该公司被马来西亚证监会指定为首家债券估值机构。2008 年,为进一步确立业务发展方向,提高市场知名度,该公司更名为马来西亚估值公司(BPAM),并沿用至今。

(一)外部监管环境

马来西亚债券市场由央行和证监会同时监管,央行管理做市商及交易系统,证监会负责管理债券发行以及交易监测。由于马来西亚债券市场中外国投资机构占比约 30%,为创造一个良好有序的市场环境,马来西亚对资本市场的监管非常严格。为管理市场交易,证监会下设债券交易检查委员会,并且有一套交易监测体系来发现异常交易。其异常交易的判断方法与目前我公司估值系统中的非真实交易监测方法基本一致,即通过交易对手方、交易数量、与估值价格偏离度来判断。由于银行等金融机构内部风控体系较为完善,目前由证监会判断出的异常交易占总交易笔数的比重不超过5%。

在较为严格的债券市场监管环境下,马来西亚对估值机构的准入和管理也比较严格。马来西亚是目前全球四个对估值行业建立了监管体系的国家之一。这四个国家分别是:韩国、马来西亚、印度尼西亚和墨西哥。

马来西亚证监会于2006年1月便制定并发布了估值机构准入准则,对债券估值机构的准入提出了以下要求:1. 股权结构设置中确保无绝对控制方;2. 实收资本至少一千万林吉特;3. 必须购买赔偿金额至少为一千万林吉特的顾客索偿保险;4. 必须有足够安全和稳定的系统和技术支持;5. 保证具有专业技能的人选进行估值业务操作;6. 估值方法和过程经过审计;7. 估值表现须通过三个月市场接受度测试。

准入准则对估值机构的业务和定价过程也作了相关规定:一方面,申请准入机构必须为所有林吉特计价债券提供每日估值;另一方面,估值机构必须使用可靠来源的市场数据进行估值,尤其是交易数据必须从证监会集中交易报告系统中获取。该条款也为准入估值机构的估值数据源提供了稳定的保障。

此外,准则中还对估值机构的持续披露和报告进行了规定,标志着证监会对估值机构的持续监管权力和义务。BPAM也会每月通过邮件向证监会汇报当月市场情况和估值情况。

由于准入准则的要求较高,BPAM是目前唯一一家经证监会批准的估值机构。同时,截至目前也没有任何其他当地机构递交成为估值机构的申请。

(二)股权及组织结构

由于证监会要求估值机构的股东每家持股不得超过 20%,并且不得有任何一家股东拥有控制权,因此 BPAM 的股东较为分散,包括 RAM 咨询公司、PacificMas 资产管理公司、军方退休金管理公司等六家公司。其中一家股东为韩国公司,拥有 10% 的股份。在证监会规定下,公司董事均为独立董事,不可来自于母公司。

BPAM 目前设有七个部门,具体设置情况和员工分布见表 1:

表 1 BPAM 部门设置和员工分布

部门	人数
首席执行官(直接管理信息技术部)	1
估值部	7
金融工程 & 研究部	1
市场开发部	5
信息技术部	5
数据 & 内容管理部	4
财务部	2
法律部	1
合计	26

公司出于节省人力开支、提升服务质量和扩大市场知名度等多重考虑,与各领域专业机构开展广泛合作。如与马来西亚国内两大信用评级机构合作,获取数据以及技术支持;与市场研究机构及市场投资机构合作,获取评论及研究报告;与三家培训机构合作向市场提供培训服务;与国内三家新闻媒体合作,为其进行市场宣传和产品推广。

（三）服务产品及传输渠道

BPAM 由于成立时间较早,目前已形成较为丰富的产品结构。同时该公司对提供的每项服务拆分较细,以利于公司收入的增长。公司提供以下产品和服务：

1. 债券估值和收益率。BPAM 为所有林吉特计价的债券提供估值、收益率、久期和凸性数据。目前每日估值债券数量超过 2000 只,每日编制收益率曲线 126 条。与我公司估值时间一样,BPAM 每日五点开始估值,六点发布估值数据。

2. 债券指数。BPAM 目前提供 105 只马来西亚债券全债指数和 9 只流动性债券指数,每只指数均提供资本回报指数和净价指数。同时,还为政府债券和公司债券指数提供各待偿期的分段子指数。该公司债券指数计算采用欧洲金融分析师联盟-欧洲债券委员会(EFFAS-EBC)的推荐规则和方法。

3. 债券信息。BPAM 提供的债券信息服务可以大致划分为一级市场信息和二级市场信息,主要包括债券资料、招标数据、回购数据、成交数据和报价数据。作为证监会准入估值机构,BPAM 可以从证监会交易申报系统中获取所有成交数据,同时从合作经纪商获取报价数据。BPAM 将获取到的实时成交和报价数据通过 BondStream 终端提供给客户,一方面体现估值透明度,另一方面也可以提高终端对客户的吸引力。

4. 参考定价服务。通过长期观察,BPAM 发现马来西亚信用债券发行利率较二级市场利率明显偏高(图 1),因此该公司推出了发行人参考定价服务,通过此服务帮助发行人有效降低财务成本。该服务运作流程如图 2：

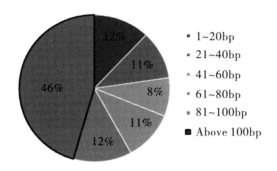

图 1　信用债发行利率与 BPAM 曲线收益率差别情况

（2005 年 7 月—2009 年 3 月）

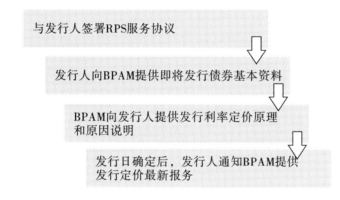

图 2　BPAM 发行定价服务流程

发行人向 BPAM 提供债券基本资料后,BPAM 在 10 个工作日内反馈定价报告,该报告包括市场评估、信用评估、收益率评估和发行利率观点建议等几个部分。

5. 会计准则 FRS139 数据支持模块。马来西亚会计准则委员会发布的财务报告标准中要求,持仓资产或即将发行的负债均以卖价作为公允价格,对于即将取得或已发行负债则以买价作为公允价格。据此,BAPM 在提供债券中间价收益率和估值基础上,还为每只债券提供买、卖价,以满足客户编制会计报表的需要。

6. 保险公司风险资本准则支持模块。BAPM 通过提供即期收益率曲线,满足保险公司计算风险资本的要求,有效降低保险公司计算收益率的耗费及数据计算差误风险,有助于保险公司提高风险管理效率。

7. 巴塞尔协议 Ⅱ 数据支持模块。BPAM 向客户提供巴塞尔协议 Ⅱ 要求下所需的债券信用评级信息并及时更新最新跟踪评级信息,以降低信用风险管理部门的数据收集成本。

在产品和服务的投放渠道方面,BPAM 目前主要采取四种方式,一是 BondStream 终端,该终端集合了估值、曲线、指数、债券信息、成交报价数据、发行人财务数据、统计数据、市场研究报告和债券计算分析工具等多项功能,并且实现所有数据的一键导出 EXCEL 格式文件功能。该终端通过 CD 盘安装,基于互联网直接运行,不需专门的服务器及其他特殊配置要求,做到完全可移动化。二是网页下载 CSV 格式文件。三是通过直联方式将数据直接推送至客户系统。四是与路透和 InterActive Data 合作,向全球范围内推广产品服务,但没有向信息商收取任何费用。

(四)财务收支情况

目前,BPAM 共有来自银行、资产管理公司、基金、信托管理公司、保险公司和类政府机构等 130 家客户。其中,基金公司虽然由证监会指定必须采用准入估值机构的估值为债券资产计价,但由于目前基金类客户仅有 23 家,因此 BPAM 主要收费对象仍然是商业银行。

该公司初期为开拓市场,产品定价偏低。估值准则中规定产品定价的变化须向证监会汇报,而现阶段公司产品涨价方案一直未获得证监会批准,所以直到 2010 年 BPAM 才开始盈利,当年收入 600 多万林吉特,净利润 170 万林吉特(约合 57 万美元)。

BPAM 成本结构中包括:人力成本 30%、系统软件成本 45%、租金 15%。此外,由于客户对估值公司出现的估值差误有追索权,准入准则中要求估值公司必须购买相关保险,剩余 10%成本即用来提取追偿保证金。据此估算,2010 年度的人力、系统软件、租金和保证金费用分别为 129 万、194 万、64 万和 43 万林吉特。

(五)系统建设情况

BPAM 建立初期购买了韩国 KAP 的估值系统,但在后期运行过程中发现由于各国债券市场体系和特征存在较大差别,该系统适应性有限,因此公司自己又花费了较大成本进行改造。此后系统的改进设计完全依靠公司自身力量。

BPAM 非常重视 IT 系统对业务的支持作用。CEO 强调:"IT 系统的关键在于系统建设",公司每年开销的 30%用于 IT 系统建设、技术维护以及运行管理。目前,公司 IT 部门有 6 名员工,岗位分布在系统管理、Web 程序开发、Java 程序开发、数据库运行管理(DBA)等。其中,程序开发主要外包给专业公司团队,公司内部的程序员负责框架设计和项目协调等工作,这点与我公司软件部比较相似。系统管理方面,BPAM 提到数据库管理成本很高。在交流过程中,我公司表示系统部今年采用了购买外部 DBA 服务的方式,性价比较好,得到 BPAM 的赞同。另外,为保证业务连续性,BPAM 也建有同城灾备中心。

二、印尼 IBPA 基本情况

2005 年,由于流动性的缺失以及价格发现机制的缺陷,印尼共同基金遭受了重大损失。利率的大幅上行带来资产价格的下跌,大量投资者赎回基金,而公允价格的缺乏使得基金在抛售债券时又面临进一步的价值缩水。在此次危机中,共同基金市值由 121 亿美元下跌至 34 亿美元,跌幅高达 72%。此后,印尼中央银行和财政部于 2006 年金融部门总体策略中首次提出"通过建立证券估值机构来为所有债券提供公允价值,以此推进资本市场,尤其是债券市场的发展"。随后,建立估值机构被提升至国家政策高度。2007 年,印尼第 6 号主席令中提到"指示资本市场监管当局发布准则,建立一个能够确定债券价格的机构"。印尼证监会于 2007 年发布准则明确债券估值机构的设立和业务范围。在相关政策指引下,IBPA 于 2007 年 12 月设立,2008 年 7 月开始运作,2009 年 8 月从证监会获得估值机构市场准入许可。

(一)外部监管环境

由于印尼债券市场主要由证监会进行监督管理,估值机构也由证监会批准并进行业务管理。与马来西亚类似,印尼证监会也对估值机构建立了专门的准入准则和监管框架。准则中对估值机构的股权结构、注册资本和业务范围等方面均作出了相关规定。此外,估值机构设立后,证监会每年会对估值机构进行审计。

准入准则中要求只有经证监会获准后才可以开展估值业务,债券估值至少以日为频率进行发布,估值必须做到客观、中立、可信、合理。另外,准入准则从股权设置、业务范围、估值形成过程等方面都作出了确保估值机构中立性的规定,包括:(1)至少存在两家股东,且任何一家不得拥有对估值机构的绝对控制权;(2)不允许参与估值机构准则中许可业务范围以外的业务活动,不得向其他机构提供证券买卖建议;(3)公允价值的形成过程必须独立于其他任何机构,包括股东、出版商和政府机构;(4)估值机构必须建立内部行为准则以保证客观中立性;(5)采用可靠的公开数据源来保证估值结果是依据市场实际状况得出的。

(二)股权及组织结构

印尼证监会估值机构准入准则中要求估值机构的股东至少为两家,并且不能有绝对控制方。IBPA 由印尼证券自律组织 SROs 设立,包括印尼证券交易所、印尼证券托管公司和印尼清算所三家机构。因此,该公司的股东即为这三家机构,每家机构持股比例为 33.33%,初始投资资本为每家 100 亿元卢比(约合 117 万美元),该股权结构一直保持至今。IBPA 整体组织结构如图 3:

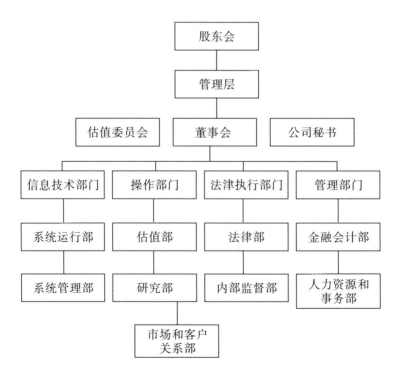

图 3 IBPA 公司组织结构图

印尼证监会估值机构准入准则当中要求董事会与管理层必须为不同

人选。股东会选出两名管理层成员和两名董事会成员并上报证监会,由证监会决定这四名人选是否合格。证监会只对管理层和董事会人选进行监管,对薪酬水平不进行干预。目前,IBPA 管理层和董事会各包括两名成员。管理层中两名成员分别来自于政府政策委员会和印尼证券托管公司。董事会中两名成员来自于印尼证券交易所和清算所,分别是固定收益产品投资专家和系统技术专家。

IBPA 管理层负责公司的发展战略和规划,每三年更换一次,日常经营管理则由董事会的两名成员负责。虽然 IBPA 的组织架构图中包括估值委员会,管理层也意识到估值委员会的必要性,但由于有限的人力以及公司处于发展初期,目前尚未设立估值委员会,计划在将来设立该机构。

目前,由于 IBPA 业务尚处于起步阶段,需要大量同业的宝贵经验。因此,多数员工尤其是管理人员主要来自于国内各金融机构,薪资水平也在国内金融机构中相应具有较强竞争力。从员工结构来看,包括管理人员目前共20名员工,其中10人分布于日常估值操作部门。员工分布和教育水平见表2、表3:

表 2 IBPA 部门设置及员工分布

部门	员工人数
估值	3
研究 & 开发	3
市场 & 客户关系	4
法律 & 内部事务	1
信息技术	4
管理	4

部门	员工人数
公司秘书	1
合计	20

表3　IBPA员工学历水平

教育水平	员工人数
中高级文凭1－3	5
学士	10
硕士	5
合计	20

（三）产品服务及传输渠道

IBPA目前提供的产品和服务主要包括：

1. 收益率、债券估值、相关指标数据及指数。截至2011年7月31日,IBPA共为印尼本土发行的353只卢比计价债券进行估值,其中包括85只政府债券和268只公司债券,估值范围涵盖了所有政府债券、非投资级别债券以及可转债以外的公司债券。其中,IBPA每日两次为政府债券分别编制日中(12:00)和日终(17:30)收益率曲线。

2. 固定收益市场信息与研究服务。IBPA提供债券成交数据、即时新闻、估值定价报告、债市走势报告等信息服务,同时还提供债券计算工具。

3. 组合风险管理系统(PORTS)。该系统允许客户构建不同的债券组合,并对组合的相关指标进行跟踪计算。

4. 培训服务。IBPA设立了一项名为"债券和固定收益产品学校"的培训项目。该项目旨在向市场参与者提供固定收益相关知识和经验。目前,参与过该培训的养老保险金行业成员可获得 15 分行业内的信用加分。

表 4　IBPA 估值范围(截至 2011 年 7 月 31 日)

类型	只数	余额(美元,亿)
国债——卢比计价		
1. 传统国债		
短期国债	13	25.67
国债	60	750.46
2. 伊斯兰国债		
大宗	9	18.28
零售	3	24.48
合计	85	818.89
公司债——卢比计价		
1. 公司债券—投资级		
固定利率	209	121.45
浮动利率	5	0.69
浮动利率附属债券	13	18.67
升息利率附属债券	7	5.00
零息	1	0.58
2. 伊斯兰公司债		
固定利率	26	5.89
浮动利率	5	0.98
3. 资产支持证券		
居民贷款资产支持证券	3	1.14
合计	268	154.21

5. 特别服务。主要是向清算所提供估值数据以供其进行风险管理和保证金管理。

IBPA 对于产品和服务的开拓有着非常明晰的五年规划,见下表:

表5 **IBPA 公司产品拓展五年规划**

2009	2010	2011	2012	2013
政府债券估值	网页(2)每日估值、债券成交和报价信息、统计信息	参考定价服务-发行人债券发行定价	非流通股票估值	其他债券估值(3)
伊斯兰政府债券估值	离岸债券估值	网页(3)债券分析和资产组合管理	其他债券估值(2)	增值服务(4)
定期研究报告:IBPA 日评、周评、估值情况报告	伊斯兰公司债券估值	增值服务(2)资产组合管理模块	增值服务(3)风险管理模块	在线培训
政府债券指数	公司债券指数	其他债券估值(1)	印尼债券信息提供者	出版物(3)
公司债券估值	增值服务(1)交易所、清算所和托管公司	培训教育(2)	定制服务-信用分析和财务预警	
网页(1)每日估值和债券信息	培训教育(1)	出版物(1)	出版物(2)	

IBPA 提供的产品主要通过网站、EMAIL、FTP、合作信息商四种渠道提供。其中,网站渠道集合了数据查询和工具模块等各项功能,数据包的传输主要通过 EMAIL 和 FTP 方式。合作信息商目前仅为路透公司。由于 IBPA 的估值服务尚处于起步阶段,国际影响力有限,因此,路透承诺为其开拓市场尤其是国际投资者市场,同时从其挖掘的投资者客户中提取一定比例的分成。

（四）系统建设情况

公司 IT 部门目前有 4 人,分为系统管理部和系统运行部。系统管理部负责整个系统构架、需求分析、软硬件资源协同工作等;运行部负责每日具体系统操作,维护系统正常运转。马来西亚 BPAM 曾由于合作关系向其销售估值系统,但由于成本过高,所以目前软件程序均由 IBPA 自主设计,开发过程则完全采用外包或通过外部购买获得。同时,IBPA 建立了高级别的灾备中心,防止业务系统的突发性问题。

（五）财务收支情况

1. 收入情况。2010 年,IBPA 主营业务收入约 12 万美元,主要来源为曲线估值和指数服务。截至 2011 年 6 月,共有包括银行、证券公司、保险机构和基金等 35 家机构客户。其收费按照两种方式进行:一是购买估值、收益率曲线、指数数据和新闻数据包,价格为每月 580 美元;二是购买 BIPS 系统,在以上数据内容基础上增加债券计算工具、债券信息和研究报告,价格为每月 870 美元。IBPA 估值目前主要被政府雇员养老金公司和伊斯兰保险再保险机构强制使用。2010 年,公司与印尼养老金协会合作,为养老金协会会员购买估值产品提供特殊价格优惠。

其他收费服务还包括为期两天的初级培训课程,每人收费 340 美元。另外,公司向其母公司清算所提供估值服务的收费为每月 2900 美元。

表6　IBPA 公司 2009—2010 年管理费用明细(美元)

	2009	2010
办公场所租金	72529	64805
专家费	26460	14064

续表

	2009	2010
员工培训费	14306	13398
通讯费	14245	23176
消费	10631	6402
交通费	7264	10966
电费	6542	9172
不动产	5503	6809
会议费	2210	2865
体检费	2105	3811
修理费	1963	8975
员工活动费	1354	7957
杂项	1490	1635
合计	166602	174035

2. 成本情况。2010年,IBPA成本约75万美元。其中,工资福利成本占其营业总成本的68%,系统和软件方面的投入约为93958美元。由于该国估值机构准入准则中赋予每家准入估值机构获取完整数据源的权利,因此,其数据源不需耗费成本购买。

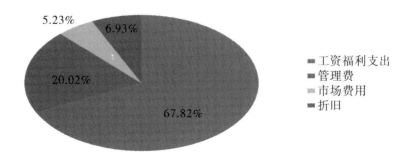

图4 IBPA公司2010年度成本结构

125

由于 IBPA 仍处于起步阶段,公司主营业务收入尚不能覆盖成本,目前依然处于亏损状态。

表 7　IBPA 公司 2008—2010 年利润表(美元)

	2008	2009	2010
营业收入	—	25145	119644
营业支出			
工资福利	167729	482822	589513
管理费	66849	166602	174035
市场费用	28868	22745	45429
折旧	2873	36549	60252
合计	266319	708718	869228
营业利润(损失)	(266319)	(683573)	(749585)
其他收入(支出)			
利息收入	77688	137049	122115
杂项	(4189)	(24406)	8380
合计	73499	112643	130495
税前利润(损失)	(192820)	(570930)	(619090)
税收	—	—	—
净利润(损失)	(192820)	(570930)	(619090)
股份数量	15000	30000	30000
每股收益(损失)	(13)	(19)	(21)

三、对债券估值行业发展模式的思考

（一）发展第三方估值体系，建立估值机构监管框架

随着公允价值在我国会计计量和风险控制方面应用的逐步深入，第三方估值市场被越来越多机构所重视。从监管层面建立估值机构监管框架，对于保证第三方估值的公允性、中立性以及客观性有着重要作用，也有助于我国债券市场的健康有序发展。

首先，监管框架将对估值机构设立准入门槛，规范估值行业市场秩序。对估值机构从注册资本、股权结构、估值方法、业务范围、估值市场接受度等方面进行准入审批，可有效保证估值机构的中立性和估值服务的业务水平，避免第三方估值行业出现利用估值"讨好"投资者的恶性竞争局面。

其次，为保证估值质量，监管框架将对准入估值机构赋予相应的权力和义务，如授予准入估值机构获取估值所需债券信息、成交信息和报价信息的权力。同时，估值机构为确保估值的客观性也有获取所有市场信息的义务。此举可确保准入估值机构获得稳定的数据源，从而最大化利用市场信息开展第三方估值服务。

再次，建立估值机构监管框架也是对估值机构进行持续监督和规范的重要手段。通过持续报告和信息披露等强制性要求，可加强对估值机构的总体监管，也可提高估值机构的透明度。

监管框架总体看应包括两方面内容，一是准入规则。首先，准入准则应从注册资本、人员安排、系统支持、产品内容、估值方法等方面进行规范，确保估值机构的业务能力和持续性；其次，从股权结构和业务范围方

面作出相关规定以保证估值机构的中立性；再次，从市场信息取得方面进行规范，以保证准入估值机构可获得稳定的市场信息。二是持续报告和披露要求。对估值机构股权变更、管理层人员变更、业务范围变更、收费方案变更等作出报告和披露要求，以确保估值机构的规范运营。

（二）适时倡议建立国际第三方估值机构行业协会

目前，第三方估值已在公允价值领域担负不可替代的作用。在包括韩国、马来西亚、泰国、印度尼西亚、菲律宾、墨西哥和中国在内的一些发展中国家中，第三方估值已经较好地适应并推动了当地债券市场的发展，第三方估值理念在这些国家已经有了较大程度的强化。因此，目前已具备建立国际范围内的第三方估值机构行业协会的条件。

同时，建立第三方估值机构行业协会也可进一步推动公允价值和第三方估值理念的深化。近年美国次贷危机致使部分组织和国家开始质疑公允价值的应用，此时建立第三方估值机构行业协会，可通过国际交流宣传发展中国家第三方估值机构所取得的成绩，推动第三方估值的强制性市场应用，也可推动第三方估值在其他发展中国家的普及，进而影响发达国家公允价值选取模式。

附件：1. 马来西亚估值机构准入准则

　　　2. 马来西亚债券定价机构申请书

　　　3. 马来西亚债券定价机构申请声明书

附件 1：马来西亚估值机构准入准则

1.0 介绍

2.0 估值机构注册准则

3.0 估值机构注册流程

4.0 连续遵守与报告要求

5.0 估值机构注册撤销

1.0 介绍

1.1 准入准则罗列了证监会对估值机构的监管要求以及注册的流程。

1.2 根据证券业(债券估值机构)2006 年的规定,债券估值机构需要在证监会按照准入准则注册登记。

1.3 根据准入准则,术语"债券估值机构"即"BPA",是指已在证监会注册、独立客观地为债券提供每日公允价格的实体。

2.0 准入准则

申请人在向证监会提交 BPA 的申请前必须满足如下最低条件:

(a)资本要求

在马来西亚境内或境外注册成立或建立的申请机构,必须拥有最低 1 千万马币的股东资金或等值的外币。

(b)股东要求

(i)申请机构在债券估值的发布上必须一直保持其独立性与客观性。

(ii)如果申请机构的股东是金融机构或信用评级机构,对申请机构可施加重大影响,那么必须在申请机构与其该类股东之间,对管理与运营资源进行适当分离,以确保申请机构运营活动的充分独立。

(iii)准入准则里提到的金融机构包括依照 1989 年银行与金融机

构法令与 1983 年伊斯兰银行法设立的所有机构。

（c）赔偿保险

申请机构必须取得赔偿保险，额度不低于 1 千万马币，用以规避其运营风险。

（d）相关范围说明

（i）申请机构必须至少为所有吉林特计价的债券提供每日公允估值，不包括可在场外市场交易的不可赎回可转换无担保贷款的股票。

（ii）准入准则里的"债券"包括马来西亚政府、州政府、中央银行所发行或担保的证券、企业债券以及证监会批准的伊斯兰证券。

（e）债券定价过程

（i）申请机构在确定债券公允价值时必须使用可靠来源的相关数据，尤其是交易数据必须直接或间接地从证监会认可的集中交易报告系统中获取。

（ii）如果申请机构中有股东为信用评级机构，申请机构在债券估值时要使用该机构相应的债券评级信息，那么这些评级信息必须是公开的。

（iii）申请机构必须制定健全完善的估值方法并应用这些方法。

（iv）申请机构在发布债券每日公允价值之前，必须尽最大努力获得用户的反馈，并由选定的几家金融机构在每天最晚下午 5 点前进行外部验证，BPA 对反馈信息应斟酌取舍，并最终确定债券发行价格。

（f）债券定价的专业性

申请机构必须长期雇用至少两名合格的债券定价专家，他们在债券交易或是与债券定价相关的工作岗位上拥有不低于 5 年相关工作经验。

（g）运营要求

（i）申请机构必须为债券定价数据以及工具提供足够的安全保障、系统存储容量以及应急处理方案。

（ii）申请机构必须保存完整的运营记录,对债券定价过程的审计追踪期限至少为 7 年。

（iii）申请机构必须承诺最大程度地向其客户公开债券定价方法的概要说明以及突出特点。

（h）人员能力素质要求

（i）申请机构的董事、首席执行官及其他关键职位人员必须具备适当的能力素质要求。

（ii）申请机构人员的能力素质应该从如下几个方面进行考察:廉洁、勤勉、才干、履行岗位职责时判决是否稳健、客户的利益是否会因他就职某岗位而受到威胁、以往在商务或金融领域的经历是否存在质疑。

（i）收费

（i）申请机构必须承诺对债券定价服务制定一个合理的收费标准,费用额度应该与债券定价服务的运营成本相称。

（ii）申请机构必须对其债券定价服务制定一个清晰一致的收费结构,在客户要求时必须予以披露,申请机构必须区分债券定价服务收费与其他辅助服务的收费。

3.0 注册流程

申请成为 BPA,需要向证监会提供如下材料:

（a）企业信息以及与 BPA 运营相关的信息（见附件 1）

（b）声明书（见附件 2）

（c）如果申请机构不是在马来西亚注册的，那么必须提供一份申请机构注册地监管机构的声明书，说明该机构是合格的并且受到充分监管。

4.0 连续遵守与报告要求

4.1 BPA 必须承诺始终遵守准则的要求，遵守证监会制定的所有条款与条件。

4.2 如果 BPA 在事先通知证监会前提下，向客户提供已在证监会注册的其他服务，那么这些服务不应该与债券定价服务相冲突。

4.3 BPA 必须坚持自己的行为准则和道德规范，并坚守专业精神，防止潜在的利益冲突。

4.4 BPA 必须向证监会提交如下材料：

每个财政年度结束后的 3 个月内提交最近经审计的财务报表；以及其他证监会要求的相关材料。

4.5 如下事件发生时，BPA 必须向证监会报告：

影响正常运营的资源发生了变化；

对客户的收费标准发生了变化；

控股或主要股东发生了变化

4.6 所有提交的材料与信件寄往如下地址：

证监会主席

3 Persiaran Bukit Kiara

50490 吉隆坡

（注：市场政策与发展部经理）

5.0 注册撤销

5.1 BPA 出现如下情形时，证监会可暂停、撤销其资格，也可变更申请 BPA 的条款与条件：

停止提供债券定价服务

正在清算或已被解散

向证监会提供的材料是虚假和误导性信息

正在或已经违反准则中任何关键要求

正在或已经违反证监会制定的任何条款和条件。

5.2 证监会在暂停或撤销 BPA 资格前，应给予其申诉的机会。

附件 2：马来西亚债券定价机构申请书

公司信息

公司名称：

成立日期：

运营日期（申请许可后）：

公司 ID：

法定资本：

实收资本：

股东资金：

财政年终：

联系方式：

注册地址：

营业地址：

电话：

传真：

网址：

联系人姓名与电话：

股东列表（截至申请提交日）

股东姓名	持股比例
合计	

董事

姓名	状态（请说明独立或非独立状态、是否为董事会主席、是否在岗）

高级管理人员与债券定价专家

姓名	职位	资历与经验	电话

将涵盖准则 2.1（c）段陈述范围之外的债券与服务列表

定价过程细节，包括定价方法、源数据、业内反馈以及外部验证

收费结构的细节以及根据其他与申请相关的信息

附件3：马来西亚债券定价机构申请声明书

日期：（申请日期）

证监会主席

尊敬的阁下，

我们郑重声明：向证监会提交的 BPA 申请材料中绝无虚假、误导信息，未遗漏任何材料。

我们郑重申明我们已满足如下所有 BPA 申请的要求：

申请完全符合 BPA 注册准则的要求；

在申请提交的前 10 年，我们没有被证券法、公司法或其他涉及欺诈/不诚实的法律定过罪或被起诉。

我们郑重声明将始终遵守准则的要求以及证监会制定的与 BPA 申请相关的条款与条件。

我们承诺向证监会提供所有证监会要求的与申请相关的材料。

上述声明已由我作为申请机构的（指定董事）根据董事会在（决议日期）决议的授权签字确认。

此致

姓名：

申请机构名称：

美洲
America

美国宏观经济与债券市场动态研究（一）

付　颖

一、美国宏观经济形势与货币政策走势

　　2010 年的宏观经济数据显示,在美联储定量宽松货币政策的刺激下虽然美国经济增长出现了小幅反弹,但未来的复苏前景仍很不乐观。一是受到结构性和周期性因素的双重影响,失业率仍然维持在历史高位,未来还可能进一步上升。受此影响,消费者仍然非常谨慎,消费开支反弹乏力。二是企业部门对经济的前景仍很没有信心,在增加员工雇佣方面非常谨慎,企业长期资本开支也维持低位。三是住房市场仍处于消化库存阶段,房屋止赎率未来仍可能进一步上升,目前的供大于求态势还将维持较长时间,从而对房地产市场的价格以及未来增长产生不利影响。

　　货币政策方面,鉴于目前美国经济高失业、低通胀的不利局面,美联储存在进一步放松货币政策的压力。投资者普遍预期美联储在 2010 年11 月 3 日议息会议后进一步扩大国债购买规模以压低长期利率,刺激经济。事后的议息会议公告显示美联储如市场预期地开始了新一轮"定量

宽松"货币政策,并且资产购买规模要略超此前市场预期。总体而言,受到目前失业率高企,经济增长乏力等不利因素的影响,投资人普遍预期到2011年底前美联储都将维持目前极宽松的货币政策。

关于国际经济形势和外汇市场走势,金融机构认为:2010年美国经济增速在2.7%左右,但2011年将回落至1.8%左右,这样的增速很不乐观。虽然美国经济增长不理想,但仍是"G3"国家中表现最好的。近期市场注意力由"欧洲主权债务危机"转向了"美国经济增长放缓"和美联储新一轮"定量宽松"政策,这是导致近期美元走弱的主要原因。但中期来看,一方面欧洲诸国主权债务危机仍然没有得到妥善解决,未来仍将拖累欧元的走势。另一方面,从美国情况来看,由于银行机构惜贷现象仍然很严重,美联储超发的货币大部分仍停留在银行超储账户上,通胀预期仍然较弱。因此,中期来看,欧元兑美元将较目前水平走弱。受到基本面强劲的推动,大宗商品类货币,如CAD(加元)、AUD(澳元)、NOK(挪威克朗),将有较强的升值前景。

二、债券市场现状

1. 公司债券市场

目前美国公司债券市场规模在6万亿美元左右,其中投资级公司债券规模在4万亿美元左右,高收益公司债规模在2万亿美元左右。所有固定收益类产品均通过场外交易的形式进行交易,投资级债券均采用相对国债的利差形式进行报价,而高收益债券则采用净价方式进行报价。2010年投资级公司债日均交易量在110亿美元左右,而高收益公司债日均交易量在50亿美元左右。

公司债投资人主要依赖两种方式进行风险管理：一是美国证券交易委员会（SEC）规定的公司债发行人必须遵守的信息披露要求。这为投资者提供关于公司债发行人及时、充分的财务数据以对风险进行充分评估。二是破产法，这为投资人在债券发行人破产时收回投资提供了法律依据。

投资人可以通过附加条款、选择债券等级和要求抵押等方式对债券信用风险进行管理。其中附加条款主要通过规定债券发行人必须满足的条件（如最低息税折旧摊销前利润〈EBITDA〉、最大资本支出等）或不能从事某种对投资人不利的行为等方式对投资人权益提供保障；选择债券等级则主要指债券等级越高，在偿付序列中排名越靠前，从而获得偿付的概率就越大，信用风险越小；抵押则是指投资人对某项债券投资可以要求发行人附加应收账款、存货、固定资产、知识产权或证券资产等形式的资产作为抵押，以达到降低信用风险，保障投资安全的目的。

过去 10 年美国高评级公司债市场规模年复合增长率在 6% 左右，而近几年受到经济增速放缓影响，高评级公司债市场增速有所放缓。分信用等级看，美国高评级公司债市场以评级在 A、BBB 的债券为主，评级在 AAA 的公司债发行人仅有 7 家。从期限结构来看，目前存量债券平均剩余期限为 10 年。从发行人的行业机构来看，金融机构发行的债券（包括担保债券）占比最高，达到 40%，但 2010 年以来工业部门发行人发行的债券规模超过了金融机构发行的债券规模。从与股票市场行业机构对比来看，银行、通讯行业企业更倾向于发行债券融资，而高科技、工业企业则更倾向于发行股票融资。

银行、保险公司、基金、海外投资人以及个人投资者构成了高评级公司债的主要投资人。受到信用债券发行量减少的影响，保险公司增加了对国债的配置力度。2009 年以来,共同基金大幅增加了对公司债的配置力度。银行对公司债的投资力度在危机期间曾被大幅削减,但近期重新开始缓慢增加。海外投资人近期仍在削减他们的公司债头寸。

受到宽松货币环境的影响,目前高收益债券收益率已经降至历史低位。2010 年以来,高收益债券发行量已经达到 2100 亿美元的历史高位,同时高收益贷款市场也出现了相似的高增长。由于高收益债券市场发债条件非常宽松,高收益债券违约率出现了明显的下降。

从公司基本面情况来看,虽然 GDP 增长仍然较弱,但公司整体收入增长前景仍然较乐观。工业部门盈利情况则接近 10 年来的高位。受股票回购和债务偿还的抵消作用,盈利增长背景下公司的现金流仍保持平稳,公司资本开支水平降至 2007 年以来的低位。受盈利增长的推动,公司整体债务水平有所下降,但受低利率环境的影响,公司长期债务占比有所上升。未来在收入增长和成本节省的双重推动下,公司盈利能力有望保持持续增长。

总体而言,受到美联储"定量宽松"货币政策的影响,目前美国高评级公司债券收益率水平已降至历史低位。受到信用债券供给下降因素的影响,未来信用类债券收益率还可能进一步下降。

2. 市政债券市场

美国市政债券市场至今已有超过 150 年的发展历史,目前市场规模在 2.8 万亿美元,占美国整体债券市场规模 34.7 万亿美元的 8% 左右,拥有超过 7 万家发行主体,投资者主要由个人投资者、共同基金和机构投资者三大部分组成。市政债的主要特点是投资人投资市政债取得的利息收入免征联邦所得税,从而市政债一方面为发行人提供了相对低成本的筹资方式,另一方面也为投资人提供了相对较高的税后收益率。市政债分为"普通市政债"和"项目市政债",其中前者主要指州政府、城市或校区等地方政府发行人以其税收收入或联邦政府转移支付为支持发行的市政债,而后者主要指公用事业、高等教育等项目以该项目收入为支持发行的市政债。因此,上述两种不同形式的市政债的分析方法也不尽相同,其中前者侧重于对发行体征税能力,经济基础、政治环境,以及人口特征的分析,而后者则侧重项目特征、创收能力、未来资本需求等项目具体特征的分析。

在 2009 年 4 月份,联邦政府通过了美国重建与复兴法案,允许地方政府发行应税市政债,同时联邦政府为发行人提供利息补贴,使得地方政府可以在保持低筹资成本的情况下提高市政债收益率,从而扩大了投资群体。自该法案通过以来,已有 1420 亿美元的该类型债券发行。通常而言,应税市政债收益率要高于相同信用等级的公司债券和主权债券。

从债务/GDP、利息支出占比等指标分析,美国各州政府财务风险相对可控。结合其较低的历史违约率和相对较高的收益率,目前美国州政府市政债具有较好的投资价值。

三、高盛公司风险管理经验介绍

美国高盛公司市场风险控制体系、信贷业务的风险管理及交易对手信用风险管理等领域的相关经验有以下几点:

高盛公司建立了全球一体的风险管理体系,由不同背景的高级管理人员组成风险管理委员会确立公司整体的风险偏好和限额体系。在风险管理工具上主要使用 VAR 和压力测试的方法,不同的业务条线在集中的风控体系下享有独立的风险限额。损益变动和对交易的逐日盯市等指标也为风险控制提供了大量的重要信息。高层管理者非常关注风险调整后的资本收益率、资产负债表规模、资产回报及流动性状况所传递的公司运营状况的信息。

信贷业务主要包括长期客户关系贷款与交易目的短期贷款两类,主要通过模拟极端状况市场冲击(如俄罗斯债务危机或次贷危机)来考察其风险状况,并且采用信用衍生产品来对冲对手方信用风险和贷款过度集中风险。

交易对手风险管理方面,高盛设立专门团队统一负责全球交易对手信用风险的对冲管理。面对超过3000个交易对手,其主要采用蒙特卡洛模拟的方式计算某一交易对手的信用风险,并适时采用信用衍生产品来对冲相应风险。

整体而言,高盛的风险管理体系较多采用数量工具,市场化程度较高,在业务发展与风险可控的目标之间取得了较好平衡。

与此同时,高度发达、流动性完备的金融市场为其提供了多元化的风险管理与对冲手段。

四、最新监管动态

金融危机后,美国最大的监管政策变化即为2010年7月份通过实施的多德-弗兰克华尔街改革和个人消费者保护法案。针对具有重要市场影响力的评级公司,该法案要求评级公司加强内控,提高评级方法的透明度,同时赋予美国证券与交易委员会(SEC)对评级机构更大的监管权力。多德-弗兰克法案中的"沃克尔法则"(Volcker Rule)更是作出了禁止银行控股公司进行自营交易的规定。关于衍生产品市场,多德-弗兰克法案在提高中央清算机构使用率和加强市场透明度建设方面也作出了重要规定,旨在加强监管,降低衍生品市场风险。在该法案获得通过成为法律后,监管机构正就该法案在操作层面的落实进行研究,从法案的通过到该法案的真正落实仍有较长的时间间隔,在具体规定方面仍可能存在一定的不确定性。

国际掉期与衍生金融产品市场方面,国际掉期与衍生工具协会(ISDA)对重要监管规定所持态度主要有:

通过制定标准协议文本、净额计算、产品标准化和提高透明度等方式来提高掉期、衍生产品市场的安全性、有效性是 ISDA 自成立以来的一贯宗旨。在信用违约掉期(CDS)、利率互换(IRS)市场,通过交易压缩、交易清算等方式使得市场名义规模大幅缩减,从而显著降低了市场参与者面临的交易对手风险。以信用违约掉期市场(CDS)为例,通过交易压缩和清算等方式,已将 CDS 市场规模缩减了 75%。在利率互换(IRS)市场,通过交易压缩和清算等方式,也有相似的改变。在衍生品市场结构方面,标准化产品市场交易份额仍然较低。以利率掉期(IRS)为例,最大的单笔标准化利率掉期交易量在每天 20 次或以下,而最活跃的掉期合约每天交易量在 200 次。因此,标准化产品市场交易量偏低,一定程度上限制了场内交易和中央清算的使用机会。

金融危机之后,美国、欧洲均出台了相似的法案以加强对场外衍生品市场的监管,在提高中央清算机构使用率和提高市场透明度方面,美国、欧洲法案不谋而合,但在具体落实措施方面存在差异。ISDA 认为各国政策制定者通过互相协调,使公共政策对接,避免监管套利是政策获得成功的关键。

关于中央清算机构的规定,ISDA 支持从风险角度考虑谨慎推进中央清算,但如无明显重大交易对手风险或者通过其他方式能有效管理风险则不应强制进行中央清算。对于风险无法由中央清算进行有效管理的产品,应采用双边交易对手风险管理措施。中央清算机构应有严格的保证金要求,违约偿付顺序规定、资本与其他风险控制,以及严格的会员要求以能够有效防范清算成员的违约风险。中央清算机构必须贯彻稳健的风险管理标准,担保品与资金水平须与成员风险成正比。国际监管机构必须相互合作,确保清算的安全和高效,另外清算的地域分割将增加中央清算所的数目,导致所需担保品倍增,削弱净额计算带来的效益,增加了风险管理成本,同时也妨碍了监管透明,导致各国立法不相协调。

关于巴塞尔资本协定,危机前广泛使用的 VAR 模型低估了市场风险,从而低估了对大型交易商的资本要求,导致了危机的爆发。由此诞生了"巴塞尔 2 1/2"协议,对银行机构实行了更为严谨的资本要求,要求在估计银行风险时要参考压力测试结果,同时也要考虑 VAR 的风险因素数量。关于正在制定中的巴塞尔 III 新资本协定,比较确定的规定包括高素质资本和新的巴塞尔资本充足率,以及杠杆率、流动性比率、缓冲、或有资本等方面的规定。与衍生产品有关的问题是用于防范交易对手信用风险的资本要求如何设定,对此 ISDA 已经提交了相关的分析和建议。总的说来,巴塞尔 III 资本协议仍在商讨当中,一些目前未达成一致的重大问题可能将被延后,同时巴塞尔新资本协议也将受到目前正在进行的监管改革的影响,未来仍存在不确定性。

关于无担保信用违约掉期,ISDA 理解各国监管机构出于维持本国市场稳定的考虑禁止无担保信用违约交易的规定,但是 ISDA 仍然认为无论是现货还是衍生产品市场,一定程度的投机活动对于改善市场流动性以及提高市场有效性仍是非常重要的,并且对于某些市场主体来说,无担保信用违约掉期仍是一种非常有效的风险管理工具。

秉承 ISDA 成立 25 年来一贯的关于加强市场安全及提高效率的宗旨,关于未来衍生品市场监管改革方向,ISDA 将从以下几方面努力:(1)确保市场参与者能够继续使用双边风险管理合约以管理风险;(2)继续推进合约文件标准化以及交易确认书的可执行性,以降低法律、信贷及操作风险;(3)继续鼓励通过交易压缩及清算降低交易对手风险;(4)继续与全球监管机构维持良好合作关系;(5)确保中央清算机构能够通过清算适当的合约、保持合理的管制及风险管理标准,配合严格而谨慎的监管要求,从而降低、而非提高风险;(6)确保监管透明度能够导致全面、快捷及高效的要求。

美国宏观经济与债券市场动态研究（二）

吴 青

一、美国宏观经济前景展望

（一）2011 年以来,美国经济陷入持续、顽固的低速增长

美国经济在经过 2010 年短暂的反弹后,从 2011 年年初以来持续处于低速增长状态,虽经过 2、3 季度的企稳、恢复,但 GDP 增速仍保持在 2% 左右的历史低位,失业率持续攀升,市场投资者信心剧烈波动,居民消费萎靡不振。美国经济二次探底的幅度和复杂性已超出当地部分机构的预期,前期部分机构预期下半年美国消费会止跌回升,但直到 9 月份仍没有看到相关的迹象。

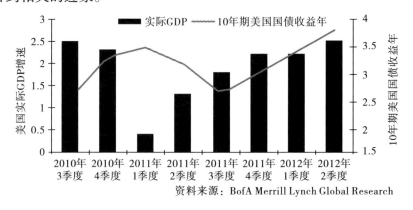

资料来源：BofA Merrill Lynch Global Research

图 1　2011 年美国经济走势图

　　根据不同角度的数据、模型显示,当期美国经济的低迷及市场对未来预期的悲观程度已超过 2008 年危机爆发时的情况。当前美国房屋贷款的利率及贷款申请都处于历史低位。8 月份 S&P500 指数出现连续 4 个交易日波动率在 4%以上,这在 1929 年大萧条后都是不多见的,反映出市场信心的剧烈波动,8 月份美国整个经济、金融处于较大的不确定性中,企业和个人消费者的信心均受到重创。另外,美国债券市场收益率的走势也表明了当前投资者对美国经济的前景缺乏信心,目前美国市场高收益债券与国债之间出现了 750BP 的巨大利差,这种情况只有在大萧条时期出现过,而 1986 年以来二者之间的平均利差只有 350BP 左右。

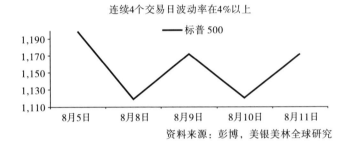

图 2　2011 年 8 月 S&P500 指数出现连续剧烈波动

(二)美国经济未来的不确定性主要来自欧债危机的演变

　　2011 年以来,制约美国经济增长的主要因素包括油价高企、日本灾害和欧债危机等,加上美国国内股票市场剧烈震荡、房价下跌,以及当前美联储施行的宽松货币政策加大了通货膨胀预期,这些因素严重影响了企业及消费者的信心,使得消费持续低迷,而美国经济增长的动力主要来自本国消费(贡献为 70%左右),根据近期密西根大学进行的一项消费者调查结果,消费者预期未来收入的增长速度将慢于物价增速,消费意愿普遍降低。

未来美国经济进入衰退的可能性不大,但低增长的状况将延续至2012年或2013年,甚至更长,失业率恢复到历史正常的5%~6%水平可能需要更长的时间。虽然面临消费下降、失业率上升的局面,但当前美国实体经济的运行状态仍较为良好,美国经济自身仍有自我调整的空间,政府可以通过增加税收等政策解决自身债务问题,未来对美国经济影响最大的因素来自欧债危机的走向,一方面欧洲危机对美国与欧洲的外贸和接收欧洲资本流入产生影响,更重要的是欧洲方面的不确定性将压制美国国内市场信心,不利于国内消费的恢复。大多数受访机构对欧债危机的解决持悲观态度,认为欧元区各国要达成一致的解决方案非常困难,希腊在年底前出现违约的可能性较大。少数机构的意见相反,认为考虑到欧元区各国的政治诉求(倾向于保持当前格局)等因素,希腊最终违约对整个欧元区的成本过高,欧元区坐视希腊走向违约的概率并不大。

Source: Department of Labor, Johnson Redbook

图3　美国失业率走高与零售业的变化

（三）美国未来政策预期

当前美国政府关心失业率的降低和经济增速的提高,甚过于对通货膨胀的控制。第三季度美国 CPI 增速将达到 3.6%,核心 CPI 增速达到 1.9%,从趋势判断,CPI 增速目前还处于上涨的阶段。根据部分机构判断,在经济增速 1%~2% 的背景下,未来 6 个月内美国能够容忍的 CPI 增速水平是 3%。目前来看,美联储对于未来本国的通胀形势的关注程度仍然不大,一方面美联储认为未来美国物价水平不会很快大幅上涨,另外即使面对通胀压力,美联储仍在一定程度上采取以通胀换增长的策略,以控制失业率的增长。在此背景下,美国部分金融机构认为,美联储在必要情况下将会果断实施 QE3 计划。

二、美国债券市场现状

（一）市场规模

从全球范围看,美国的股票和债券市场规模处于绝对领先地位,占比均超过 30%,其中债券市场规模占比接近于 40%,其次是欧元区。截至 2011 年 6 月,美国债券市场中可交易存续债券规模达到 36 万亿美元,其中政府债券和资产支持证券化产品占比均达到 30% 左右,公司债券规模在 6 万亿美元左右,占比接近 20%。公司债券中,投资级债券与高收益债券规模比例在 2∶1 左右。随着近两年美国经济陷入低迷,公司债券的增长速度有所放缓,尤其是高等级公司债券的发行量出现萎缩,而根据历史统计数据,美国高评级公司债券市场规模在过去 10 年内年复合增长率在 6% 左右。

市政债券是美国债券市场的重要组成部分。截至 2011 年 6 月,市政债券余额为 3.7 万亿美元。美国市政债券市场上有超过 150 万种债券,6 万余家参与主体,包括州政府、地方政府,以及政治分支机构等。2010 年 1—12 月份,美国共发行 4330 亿长期市政债券,交易量为 3.8 万亿美元,平均每天交易 41000 笔,金额约为 150 亿美元。市政债券的发行主体主要为公益性质的机构、大学、城市、乡村等。美国市政债券募集的资金主要用于一般用途(发行时不用说明具体使用方向)、医疗、交通运输、公共设施、电力、住宅、教育等;投资者主要为居民、公募基金、保险公司和银行,占比分别为 37%、31%、16%、9%。

(二)经济低迷背景下债券市场呈现的新特点

1. 在经济低迷背景下,社会融资杠杆从私人部门向公共部门转移

首先,由于当前市场信心低落,私人部门对经济前景看淡,进一步投资意愿减弱,融资需求下降,而资金融出机构同样看淡未来经济,倾向于只对高等级公司提供资金支持。这些实际情况造成私人经济领域的投融资规模出现下降,包括债券市场和银行系统的间接融资;而与此同时,美国政府由于面临庞大社会福利支出、定量宽松政策资金缺口等问题,在财政支出压力加大的情况下,其融资规模明显增加。私人部门的去杠杆化和公共部门支出增长导致二者之间的杠杆转移现象。

2. 高评级公司债成为投资机构追逐对象

由于融资需求下降,公司债发行量出现萎缩,同时,在金融危机后,全球货币供给增长推动债券收益率明显下移,为获得满意的投资回报,投资者倾向于信用评级较高的公司债券,或在信用债基础上构建符合自己需求的机构行产品,以提高组合收益,抵御日益显著的通货膨胀。

与此对比，我国当前经济也处于下行阶段，不同的是我国为抵御通货膨胀实行了收紧的货币政策，目前私人部门的资金需求非常旺盛，但由于贷款规模受限，以及经济下行周期中风险政策变化，银行体系对低评级企业的间接融资非常有限，同时，由于债券市场投资者结构单一，对低评级债券基本一致采取了回避的策略。

（三）结构性产品市场概况

目前，在资本市场发达国家，金融机构通过构造结构性金融产品为不同客户提供个性化的投融资产品是非常普遍的情况。如法国巴黎银行等机构，在固定收益团队中有专门的人员致力于结构性金融产品的研究开发，为其重要客户提供个性化的投融资服务。从国内的情况看，很多企业对结构化金融产品存在需求，但从金融机构的角度，一方面市场还缺乏相关产品的对冲、交易机制，使其没有能力将类似的结构化产品作为常规产品出售，另一方面有些产品还需要监管部门批准或相关法律、法规的支持才能对外提供，因此结构化产品仍未广泛发展。

三、金融危机后美国评级行业变化及主权评级下调的影响

（一）金融危机后美国评级行业变化及案例

2008 年金融危机后，美国政府要求国内评级机构进一步增加对外披露的相关内容。比如，标准普尔目前将该公司有关评级的标准进行对外公开披露，以使发行人根据其所披露的评级标准即可大致判断自身等级。

根据标准普尔提供的信息，目前该公司信用评级结果主要应用于全球和国内债券发行、公共设施项目融资、交易对手评级和银行贷款评级，其中银行贷款评级需求日益增加。从投资级和非投资级企业历史违约率的统计数据可以看出,评级的结果与现实情况具有较高的一致性。

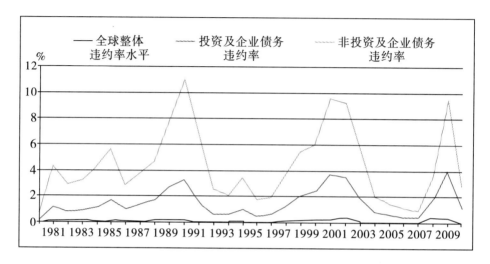

图4　投资级与非投资级企业债券历史违约率对比

资料来源: Stendard & Poor's Global Fixed Income Research and Standard & Poor's Credit-pro ⓡ.ⓒ Standard & Poor's 2011.

　　近期标准普尔从"加强分析师轮换""分离标准、质量和政策等职能""强化业务防火墙"和"不断壮大合部门"等方面进行了调整改善,围绕着为投资者提高严谨性和透明度的目标,采取了一些举措,包括:评级结果的决定由评级决定经评级委员会做出,而不是单独由分析师做出;公司分析和商业资源需完全分离;分析师不以从发债人处收取的费用为薪酬基础;分析师不参与费用谈判,所有商业讨论和信息均与他们隔离;质量保证和合规职能与分析师团队分离;通过发放刊物和市场教育向市场公开公司的标准等。

（二）主权评级下调及其影响

当前,相比较于标准普尔下调其主权评级,美国政府更关心经济增速的提高和失业率的降低,下调主权评级在短期内对美国国内实体经济、甚至对美国国债收益率的影响并不明显。从全球角度看,主权评级低于其国内企业评级的情况也比较多,目前有 22 个国家的 130 家企业评级高于所在国的主权评级,而历史上被调低主权评级国家的国债收益率在短期内的变化总体也不明显。

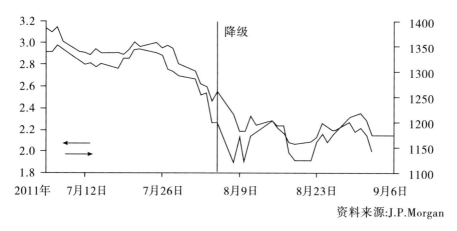

资料来源:J.P.Morgan

图 5　美国主权评级下调后 10 年期国债(左轴收益率%) 及(右轴 S&P 500 指数变化%)

表 1　主权评级调低后 10 年期国债收益率和 10 年期与 2 年期国债利差在 1 天和一周内的变化

国家	评级调整	评级公司	时间	10 年期		10 年期与 2 年期国债利差	
				1 天	1 周	1 天	1 周
日本*	Aaa to Aa1	Moody's	1998 年 11 月 17 日	2	15	3	11
日本*	AAA 至 AA+	S&P	2001 年 2 月 1 日	7	−3	4	4

续表

国家	评级调整	评级公司	8 月	10 年期		10 年期与 2 年期国债利差	
				1 天	1 周	1 天	1 周
比利时	AAA 至 AA+	S&P	1998 年 5 月 6 日	−1	2	0	7
意大利	AAA 至 AA+	S&P	1998 年 2 月 6 日	−1	2	0	5
西班牙	AAA 至 AA	S&P	1998 年 2 月 6 日	−1	3	0	6
西班牙	AAA 至 AA+	S&P	2009 年 1 月 19 日	1	33	−4	−43
西班牙	Aaa 至 Aa1	Moody's	2010 年 9 月 30 日	−7	−9	−3	9
爱尔兰	AAA 至 AA+	标普	2009 年 3 月 30 日	7	−18	11	15
爱尔兰	Aaa 至 Aa1	穆迪	2009 年 7 月 2 日	−7	−11	3	−11
			平均变化	0	2	2	0
			非 AAA 级平均变化	0	5	1	−7

资料来源:J.P.Morgan

四、高盛公司和美国银行风险管理介绍

(一)高盛公司强调的"交流"文化和"透明"管理

美国高盛公司在风险管理方面强调模型控制和风险管理文化并重,其风险管理体系主要涵盖以下几个方面:

1. 每天使用模型对头寸进行估值,保持数据最新和风险可控,不仅要了解自己的头寸状况,还要了解对手头寸情况,以及各方头寸的动态变化情况,并通过情景假设掌握未来预期内风险的承受能力。

2. 重点关注流动性的风险管理,随时掌握为客户、对手方提供资产

后自身的头寸及流动性风险变化情况,通过模型逐日进行假设情景的模拟测试。

3. 建立起"交流"文化。通过书面、当面、论坛等各种方式与交易员进行交流,把与交易员沟通的结果进行汇总,了解部门及公司交易和风险的全貌,然后将汇总的信息连同公司对待风险的最新态度反馈给交易员,以此双向交流提高沟通的效率。除了通过交流对交易员风险进行软性控制外,还要通过设定头寸权限对交易员进行硬性控制。

4. 在每天使用各种矩阵模型进行头寸及流动性压力测试的基础上,还要在模型之外搜集大量数据,以弥补模型可能存在的遗漏数据的可能性。

5. 对风险环境保持强有力的控制。通过充分交流和相关制度安排,并在用人方面充分考虑到交易员的"聪明"和"诚实"对风险控制的影响,使得公司尽量保持一种高度透明的状态之中,从而降低风险发生的概率。

高盛公司的风险管理工作就是在上述风险管理体系的基础上,通过买卖同一种金融工具、买卖同一主体发行的不同工具、买卖 CDS 和买卖相关主体发行的工具等具体操作方法,来完成突发事件、收益率曲线变动发生后的对冲工作,保持公司的风险敞口符合要求。

(二)美国银行的信用期权调整利差模型(Credit OAS Model)

美国银行开发的信用期权调整利差模型的特点是利用市场当前的数据来计算目标企业的风险,而不是遵循原有的历史研究法采用历史数据计算风险。因为他们认为,在历史研究法中,如果目标客户的历史数据变化不明显,没有出现过显著的违约经历,那么使用这些数据很难提前预测目标企业未来可能发生的大的违约事件,而且对投资窗口的判断也具有局限性。

信用期权调整利差模型的理论架构为:通过期权模型理论将目标企业的权益价值(股价)、资产市值、负债市值和资产的风险(企业 CDS 利差)进行模拟,建立函数关系,得到目标企业股价和 CDS 利差的关系分布图。目前,美国银行可以使用目标企业一天的股票价格变化数据复制该企业完整的图形,并以此计算目标企业的风险水平(注:在我国股市受庄家操作较多的情况下,该模型的使用可能会受到较多限制)。

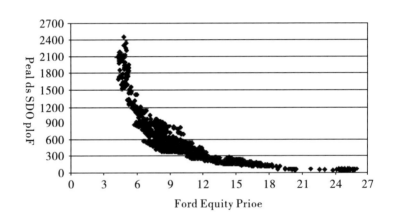

图6　福特公司信用利差与股价变化分布图

资料来源:Bloomberg and Banc of America Securities LLC

五、美国银行业监管的最新动态

(一)《多德-弗兰克法案》的实施进展缓慢,大部分条款尚未产生实际效果。

该法案通过后将逐步转化为相关机构的实施条例,但各机构还需有一个消化的过程,目前法案的实施状况并不是特别好。法案的核心为沃克条例,即禁止大银行用自有资金开展自营业务。条例细则将在 10 月的第2周出台。目前美联储等报告认为沃克条例的实施过于严厉,会伤害美国的核心竞争力,同时自营交易和代客理财的概念还有待商榷。但日前发生的瑞银交易员巨亏丑闻等负面消息可能会使美国政府的态度发生转变,对银行业采取更为严厉的监管措施。

(二)《多德-弗兰克法案》加强了美国衍生品市场的监管

金融危机前美国金融衍生品市场发展较快,产品结构相对复杂。《多德-弗兰克法案》对衍生品市场的监管进一步强化,要求衍生品市场更加透明,衍生品交易将放在场内进行,并通过中央对手方交易系统交易、清算,为交易提供担保,并要求交易方提高保证金水平。法案还要求所有产品必须经过证监会等机构注册才能发行,报价和成交的信息都必须公开。新的监管要求将对系统性风险的控制起到明显作用,但同时也提高了衍生品的交易成本,预计未来衍生品的交易规模会出现下降。

美国地方政府债券市场研究

吴 琼

一、美国地方政府债券基本情况

美国是典型的联邦制国家,行政结构包括联邦政府、50 个州政府以及 8 万多个县、市、镇、学区及其他特别服务区。美国《宪法》确立了各级政府的职责和支出责任,同时也赋予了各级政府相应的征税权,使联邦、州和地方各级政府的财权和事权明晰。这样分级自治的政治体制和财税体制决定了美国各级政府都拥有举债权,因此早在 1812 年美国第一只地方政府债券(Municipal Bond,也称地方政府债券)就应运而生。经过 200 多年的发展,美国地方政府债券市场发展成为仅次于美国股票市场、国债市场以及企业债市场的第四大资本市场。

(一)发债用途与发行人

美国州和各级地方政府可以为公共项目建设、现金管理和非政府性私人项目等用途发债筹资。并且这些用途都是受法律约束,写进州宪法和法规、地方各级法律条文。2002 年以来,美国地方政府债券每年的发行额维持在 4000 亿至 5000 亿美元之间。2011 年共发行了 1.3 万只计 3550 亿美元的地方政府债券,多数为期限 20～30 年的固定利率债券。截至 2011 年 6 月,美国未到期的地方政府债券余额为 3.73 万亿美元,占整个债券市场的比重为 10%。未到期的地方政府债券只数为 120 万只,发行地方政府债券的主体超过 5000 家。

按照发行人的种类划分,发行量排名居前五位的分别为州属债务融资机构、州政府、地方政府部门、学区和市级地方政府,发行量分别为 940 亿美元、636 亿美元、579 亿美元、542 亿美元和 509 亿美元,占比分别为 26%、18%、16%、15% 和 14%。按照发行债券募集资金用途划分,主要用于一般性政府投资、教育等,具体见下图。

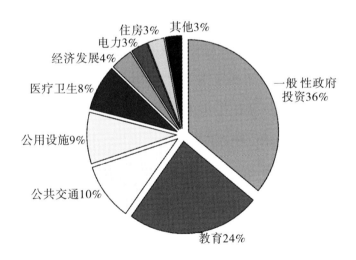

图 1　美国地方政府债券募集资金用途

(二) 债券分类及偿债来源

美国地方政府债券按发行人及偿债来源的不同,主要分为一般责任债券(General Obligation Bonds)、收益债券(Revenue Bonds)和项目渠道债券(Appropriation/Conduit Bonds)三类。一般责任债券发行人为州或地方政府,债务偿还以政府全部信用和征税能力为保障,偿债资金在一般预算中列支。收益债券的发行人一般为政府机构(Authorities),为水利、交通、高等教育和公共医疗等特定项目筹集资金,比如加州大学管理局为建设集合医疗中心、纽约市水务局为建设城市自来水系统发行收益债券,偿债资金都来源于投资项目的收益。项目渠道债券比较特殊,类似于我国地方政府的城投债,是州或地方政府和政府部门代理非政府机构发行债券进行筹资,比如加州有健康设施融资平台、基础建设和经济发展银行等融资平台,加州还通过州公共事业委员会发行租赁收入债券,纽约市政府通过临时融资管理局发行资产证券化债券。这一类债券的偿付资金也来源于项目收益,但不同于收益债券的是,实际的偿债责任不在发行人,而在第三方代理人身上。

一般来讲,一般责任债券的信用和安全性最高,评级也相应较高,在相当长的时间里,州与地方政府长期债券大多数都是一般责任债券。20世纪50年代以后,收益债券和项目渠道债券开始大量出现,债务余额不断提高。近年来,收益债券和项目渠道债券规模已超过一般责任债券。以上三类债券的发行期限都比较长,通常在10年至30年之间,此外地方政府出于现金管理的需要也会发行少量的短期债券,比如加州政府发行当年到期的收入预期票据。

(三)债务管理架构

美国许多州级法律对州及州以下地方政府的举债权进行了限制,政府及所属政府机构举债必须在法律规定或特许的范围内。州及州以下地方政府发行债券通常经过政府审批,并需要经过听证、公决、议会或镇民代表大会的批准。一般责任债券由于是以政府全部信用作为担保,总发行规模须控制在规定的债务限额以内,并且每次发行还一般需要经过高层次的机构(如全体选民、议会)批准。收益债券和项目渠道债券则比较复杂,总体原则是偿债资金来源与政府及选民利益越直接相关,审批的程序越严格。

至于具体的发债行为,州政府和地方政府是不受上级政府干预的,管理模式各地方也不尽相同,大致分为集中管理和分散管理两类。

集中管理模式以加州政府为代表,加州财政国库局(The State Treasu-rer's Office)作为州政府的资产管理者、银行经理和融资人,全权负责州政府债务的发行管理。而具体执行机构为其下设的公共融资处,主要负责:(1)管理州政府的各项债务及债券的发行操作;(2)作为所有州政府一般责任债券和部分收益债券的托管人、注册人和支付代理人;(3)履行州以及联邦法律中规定的州政府债券存续期内各项法定义务;(4)协调投资者关系;(5)负责与一般预算相关的债券发行过程中州政府需要进行的信息披露。州其他财政部门主要负责债务资金分配和项目管理工作。

分散管理模式以纽约市为代表。在财政管理体系中,纽约市实行市长负责编制、审计长复查和提出修改意见、市议会投票通过的三者相互制衡的预算管理体系。而在市政债务管理中,纽约市的市长预算管理办公室(Mayor's office of management and budget)和财政国库局(Office of the Comptroller)共同协调制定市政债务政策,管理政府债务组合。每一次债务必须得到市长和审计长共同签署才能发行。财政国库局下设公共融资处具体负责市政债券的发行等相关工作。

（四）地方政府债券一级市场

美国地方政府债券发行，一般要通过地方政府债券承销机制完成，也就是发行人首先把地方政府债券发售给承销商，再由承销商分销给其他投资者。在地方政府债券正式面向公众发售之前，发行人与承销商将共同商议承销方式、承销价格等具体发行条款，确定后对外发布地方政府债券发行的官方声明。为提高市场透明度，发行人和承销商也会定期组织联合路演，向市场投资者展示地方政府债券发行全过程。

地方政府债券的承销方式主要有两种。一种是协商承销，即发行人通过询价等方式选定一位主承销商或多位承销商组成的联合主承销团，由发行人和主承销商或联合主承销团协商决定承销价格，再由主承销商（联合主承销团）组织整个承销团成员销售债券。通常，整个承销团成员共同分享债券承销带来的收益（承销价格与销售价格之间的价差），同时共同承担承销风险。但在特殊情况下，比如单次发行量较小，主承销商可能允许一部分债券"内部消化"，承销团成员之间可以相互分销，但需要成员自担承销风险。另外一种是竞争性承销，即发行人提前发布招标公告，承销商在债券招标日通过投标方式确定招标利率（或价格），承销商再以固定的利率（或价格）分销给其他投资者。这与我国现行的国债和地方债招标发行类似，但略有不同的是，承销商可以各自投标或组成两个以上的团队联合投标。

两种承销方式相比较，各有优缺点。一方面，对承销商来讲，协商承销比竞争性承销风险更小。承销商采用协商承销方式对外分销债券的过程中，可以根据市场条件灵活调整销售日期和销售利率（或价格），而采用竞争性承销方式时，承销商只能被动接受招标结果并以固定利率（或价格)对外销售,承受较大市场风险。另一方面,对发行人来讲,竞争性承销比协商承销成本更低,效率更高。协商承销带有行政摊派色彩,承销利率往往偏离市场利率,而竞争性招标是高度市场化的定价方式,承销利率就是真实的市场利率,并且招标过程也比协商过程快速集约。2011年,超过50%的地方政府债券发行采用了协商承销方式,其余的则采用了竞争性承销方式(极少数的浮息债采用私募方式发行)。

(五)地方政府债券二级市场

一是市场单一。美国地方政府债券交易市场仅有场外市场。二级市场大致分为两层,核心层是交易商间市场,参与者是交易商,他们通过交易商之间的经纪商或者电子交易平台相互交易;外围层是其他市场参与者与交易商之间的交易市场,没有一个集中的中央交易平台,市场参与者只能通过交易商作为中间人买卖债券。目前,美国地方政府债券交易商机构超过1800个,他们的交易行为呈现高度集中的特点。2011年前十大交易商约占市场交易总量的75%,其中摩根斯坦利、美林、富国等大券商占据市场主导地位。

二是流动性不足。2011年地方政府债券的交易规模为3.3万亿美元,年换手率不足100%,明显低于美国国债、企业债等流动性较好的品种。并且近几年的趋势是虽然交易笔数有所上升,但交易规模逐年萎缩,投资者更加偏好持有到期。地方债券市场也具有"喜新厌旧"特性,新发债券的交易最为活跃。

三是多为个人和家庭持有。美国地方政府债券多为个人和家庭投资者持有。2011年,个人持有地方政府债券的比例约为49%,共同基金约占23%,保险公司为12%,银行及储蓄机构占9%(持有者结构见下图)。

目前这种投资者格局是由美国免税政策决定的。1986 年美国税制改革之前,商业银行是地方政府债券的主要持有者,这是因为那时持有地方政府债券的银行获得的 80% 利息收入是免税的,而 1986 年美国税改法案颁布后,银行的税收优惠明显减少,增加了对个人购买地方政府债券市场的税收优惠政策。

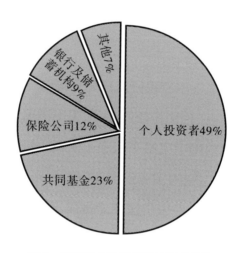

图 2　美国地方政府债券持有者结构

二、美国地方政府债券监管与风险管理基本经验

虽然美国法律允许地方政府破产,历史上也出现过加州橘郡破产等案例,但美国地方政府债券整体违约率一直很低,这主要得益于美国地方政府债券市场监管与风险管理体制。

（一）自律监管的法律建设

美国《证券法》规定,州及州以下地方政府发行市政债券不需要向美国证券交易委员会（SEC）报告和登记。也就是说,美国法律对地方政府债券的发行行为没有约束,只是对地方政府债券的承销、托管和交易等环节进行监管,保护投资者利益。

联邦政府层级对于整个地方政府债券市场的影响力主要体现在以下两个方面:(1)维护市场的公正透明。证券交易委员会(SEC)有权依据反欺诈条款(SEC Rule 10b-5)和持续信息披露条款(SEC Rule 12c-12)等法律,制定或者委托制定约束市政债券参与各方的规则,并根据反欺诈条款对市政债券参与各方进行事后监管。(2)税收减免。如果地方政府债券在发行时需要享受免税政策,则必须符合联邦税法的有关规定,比如,不得用债券筹资到的资金投资应税债券进行套利;债券筹集到的资金必须在规定时间内使用完毕等。

(二)分散管理的监管体系

美国地方政府债券市场的监管模式是以规则制定与执行分开、多头分散监管为特征。证券交易委员会下辖的行业性自律组织——美国市政规则制定委员会(MSRB)实际承担了制定市政债券规则的主要责任,其制定的规则范围包括:从业资格、公平交易、簿记、交易确认、清算和交割等。

美国市政规则制定委员会提出有关地方政府债券市场的监管提案后,由证券交易委员会掌握批准权,而实施和控制提案,由美国财政部税务局(IRS)、通货监察局(OCC)、银监会(FINRA)、保监会(FDIC)和美联储相关部门(FRS)共同执行。

(三)成熟的信用评级体系和信息披露制度

为保证能以较低成本发行债券,地方政府债券发行人特别采取公开发行方式发行的发行人自觉接受惠誉等三大评级公司的评级,并将评级结果公示于众,发行人非常重视自身信用评级任何变化。三大评级公司经过多年的发展,也各自形成了专门针对市政债券评级的一套方法。

信息披露对于发行人而言,既是满足监管要求,同时也是吸引投资者的一种自发行为。公开发行的市政债券一般要通过正式的官方声明来公布地方政府的责任和义务。市政债券上市前后要经有资格的审计机构对发行人的财政状况、债务负担、偿债能力等出具意见。市政债券发行后,发行人和相关责任人还必须及时地、定期地更新披露信息。美国市政规则制定委员会主持建立的市政债券电子信息平台(EMMA)是信息披露的重要平台。

(四)科学的债务监测指标

美国的各州法律对地方债发行规模均有所限制,大多针对一般责任债券,主要监管指标有:负债率:当地政府债务余额/当年地方 GDP。主要反映地方经济总规模对政府债务的承载能力及地方政府的风险程度,或地方经济增长对政府举债的依赖程度。指标值越大,说明风险越高。债务率:当地政府债务余额/当年财政收入。反映地方政府通过动用当期财政收入来满足偿债需求的能力,该指标是对地方政府债务总余额的控制。人均债务率:当地政府债务余额/当地人口数。债务与收入的比值:当地人均债务/当地当年人均收入。如果一个辖区人均债务负担过重,任何新增债务和税收都将影响到纳税人的纳税能力或付税意愿。偿债率:当地债务支出/当地当年经常性财政收入,反映了地方政府的承债能力及预算灵活性。偿债准备金余额比例:当地偿债准备金/当地债务余额。一般情况下,州审计部门负责定期监控地方债务,并在情况恶化时提供技术服务。

（五）严格明晰的预算管理制度

在市场机制的作用下,美国州及州以下地方政府采取了多种措施控制债务风险。主要手段包括:

（1）预算管理

美国州及州以下地方政府预算一般都实行分类管理,将预算分为经常性预算和资本性预算分别管理。资本性预算可以使用负债筹集资金,而经常性预算一般要求收支平衡。目前,几乎所有各州和地方都在州宪法或者法令中规定政府必须遵循平衡预算,这一规定有效地避免了政府使用债务资金弥补日常开支不足,造成财政状况的崩溃。

政府在编制资本预算过程中,往往经历一个长时间、严格的过程,其中包括在编制和审批过程中的各种质询和听证。由于项目预算程序非常透明,项目立项比较客观、公正、科学,从而保证了项目资金的及时足额供应,保证了资金的用途,保证了项目的效益,同时又充分考虑了经济发展需求和债务承受能力。

（2）规模控制

多数州对于市政债券,特别是一般责任债券发行规模有所控制。根据美国全国州预算官员协会 2002 年进行的调查:在州宪法和法令规定允许发行一般责任债券的 47 个州中,有 37 个州在其宪法和法令中对一般责任债务规定了限额,以检查自己的负债情况和还贷能力,并据此实施严格的债务管理。

（3）偿债准备金

为防止债券不能按时还本付息,部分州及州以下地方政府还设立了偿债准备金制度。偿债准备金数额往往与每年所需偿还的本息总额相关。资金来源于发行溢价收入、投资项目收益等,资金使用仅限于投资低风险的联邦政府支持债券,投资债券期限不能长于偿债剩余期限。

三、借鉴与启示

从层级上看,美国州级政府与我国省级政府类似。2009年我国财政部开始代理各省级政府发行债券,2011年四个省市开展自行发债试点,研究如何建立规范有效的地方政府债务管理和债券市场十分必要。美国州级政府债务管理与联邦政府国债管理相比有着很大差异,这对深入推进我国地方政府债务管理改革,建立并完善地方债务管理制度,以及加快地方政府债券市场发展,具有一定的借鉴意义。

(一)地方债务管理与国债管理相比有实质性区别。与国债管理相比,地方债务管理除在目标方面仅有降低筹资成本和市场风险、没有发展债券市场责任外,主要有以下区别:一是在债务负担指标方面,衡量地方债务使用人均债务余额、债务余额占个人收入的比重、偿债率等;衡量国债负担主要使用财政赤字率和国债负担率。二是在预算管理方面,地方债还本、付息需要列入经常预算,国债仅有付息列入经常预算。三是地方债务管理注重发债空间分析,国债管理很少分析发债空间问题。四是地方债务管理是根据项目实施进度确定发债进度,强调专款专用;国债管理主要是坚持定期滚动发债原则,没有专款专用问题。

(二)我国地方债务管理与美国相比有较大差异。与美国地方政府债务管理比较,当前我国地方债务管理具有以下不同之处:一是法规制度建设滞后,地方债务管理缺乏规范的借债依据、口径界定标准和债务负担指标。二是筹资主体多元化,没有集中统一的债务管理机构。三是借债方式多元化,以银行借款为主。四是地方借债信用表现形式要么国债化、要么企业化,地方政府本身信用水平没有得到直接、充分的反映。

(三)明确地方政府债券免税政策,提高地方政府债券投资吸引力。地方政府债券的免税效应,是吸引投资者购买的决定性因素。美国的税制改革更多地把地方政府债券免税优惠给予国民,这种做法值得借鉴。当然在市场建设的初期,还是要依靠银行等机构投资者的力量进行筹资,美国20世纪70、80年代也给予商业银行较大的地方政府债券税收优惠政策,以鼓励投资。明确地方政府债券免税政策,有利于保障市场健康运行、培育合适的投资者群体。

(四)重新审视地方融资平台管理模式,考虑多种融资形式并存。美国州及各级政府既有为公共建设等政府性支出融资目的发行的债券,也有为非政府性机构融资发行的债券,这就好比我国的地方债和地方融资平台。2010年四部委出台政策清理地方融资平台,是该关闭杜绝还是开源节流,关键在于明确偿债责任,杜绝隐形担保。可以考虑借鉴美国以政府性融资为主、非政府性融资为辅的多种融资形式并存模式,以财政预算管理公开透明为基石,借助市场评级制度和信息披露制度的完善,探讨我国地方政府性债务发展模式。

(五)简化发行流程,建立高效安全的地方政府债券发行平台。目前我国地方债发行(不管是代发还是自发)都是使用国债现场招标的规则和场地,美国地方政府债券发行更为简单灵活,都是通过电子化平台完成发行过程,节省了发行成本。下一步在建立地方政府自己的发行平台时,可以适当简化现有招标流程,在规范安全的同时兼顾高效节约。

美国 DTCC 创新服务与管理经验研究

汪盛才　刘彦　贾英姿　周文斌

专题 1:DTCC 的公司行为服务

近年,DTCC[①]一直在大力推广全球公司行为服务,将其作为业务拓展的重要创新点。

一、公司行为服务概述

根据 DTCC 的定义,公司行为(Corporate action)是指一只证券的发行人的资本结构或资金头寸的变化,这种变化能影响到其发行的所有证券[②]。依此定义,公司行为包含的事件种类很多,如分红派息、配股、(可转债或优先股等)转股、回购、赎回、吸收合并、分立、要约收购、破产等等。

---

① The Depository Trust and Clearing Corporation,全美证券托管公司。

② 原文为"A corporate action occurs when changes are made to the capital structure or financial position of an issuer of a security that affect any of the securities it has issued"。

可见,公司行为涵盖了大部分的非交易业务,是登记结算业务的重要组成部分。

按投资者在公司行为中是否具有选择权,公司行为可以分为强制性公司行为(Mandatory Corporate Action)与自愿性公司行为(Voluntary Corporate Action)。在前者中投资者没有选择的权利,公司行为的结果是可以预先确定的,例如单纯的现金红利分派;而在后者中投资者通常有几种方案可供选择,公司行为的结果要根据投资者的选择而定,不能事先预知,例如可转债转股等。

二、2003 年之前美国证券市场公司行为处理情况

美国证券市场的登记存管体系是典型的间接持有体系,DTCC 作为名义持有人,拥有对其所存管证券的法定所有权。DTCC 只记录其参与人层面的持股明细,参与人作为其所存管的证券的受益人。与此类似,其参与人只记录参与人客户层面的持股明细,客户成为第二级的受益人。一些大的机构如跨国托管银行,甚至可能会有好几级这样的层次,而这种层次越多,最终的证券持有人就越难反映到发行人的股东名册上。通常,发行人为投资者关系管理等而需要最终的证券持有人信息时,须向第三方取得相关数据。在美国市场,这种最终证券持有人的信息是由自动数据处理公司(Automatic Data Processing)来提供的。另外,值得一提的是,并不是所有的证券都是由 DTCC 提供存管服务的,投资者可以选择持有实物证券,这样,其名字便直接进入了发行人的股东名册,也同时拥有了对证券的法定所有权。因此,美国的证券登记存管模式可以用下图来表示。

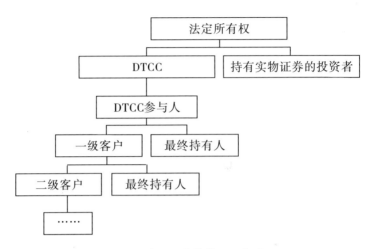

美国证券登记存管体系示意图

如图所示,美国实行的是一种间接持有为主、直接持有为辅的树形登记存管模式,间接持有部分存在链条较长的特征,而直接持有部分还停留在实物证券层次。正是这种登记存管模式,决定了当时美国公司行为处理的方式。

(一)公司行为登记结算的处理流程

(1)收集信息。DTCC 参与人首先需要收集公司行为的相关信息。由于美国证券市场是一个非常开放的市场,其要处理的信息来自世界各地的证券交易所、登记结算机构、发行人等。这些信息并不存在一个集中的发布地点,参与人的首要任务就是及时、全面地收集到公司行为的相关信息。

(2)整理信息。由于公司行为的信息披露全球并不存在一个统一的标准,因此,各交易所、登记结算机构、发行人等使用不同的表达方式或术语来描述公司行为,对参与人准确地理解公司行为的内容造成很大影响。美国的证券公司及托管银行都配备有专业人员来整理公司行为信息,以准确地理解即将处理的公司行为和解答客户咨询。

（3）确认并通知客户。在对公司行为的具体内容了解清楚之后，参与人将计算客户的证券及资金头寸将在这次公司行为中产生什么变化，或将拥有什么样的选择权（对于自愿性公司行为而言），并将相关的信息通知客户。

（4）选择权处理（强制性公司行为没有此步骤）。参与人将收集客户的选择权处理反馈信息，客户没有行使选择权时会通过各种方式提醒客户，然后汇总客户的选择权处理结果，并在选择权过期之前提交。

（5）结算。根据公司行为的具体情况以及客户的选择权处理结果，参与人将划出或接收相应的证券或资金，完成参与人层面的公司行为结算。

（6）后期处理。最后，参与人将记录客户层面的证券或资金的变化，并将最终结果通知客户，完成整个公司行为的处理。

（二）公司行为处理存在的问题

1. 信息来源多样，缺乏统一标准，准确性低

首先，美国作为一个全球性的金融市场，却没有一个集中的全球性的信息发布平台，参与人要从不同渠道来获取公司行为信息，如信息提供商、经纪人、托管人、基金经理、交易所、登记结算机构以及报刊、Internet等等，信息收集过程会耗费大量人力物力。其次，信息的格式没有一个统一标准，各个信息发布者以不同方式或术语来描述公司行为，为参与人准确理解公司行为带来困难。最后，没有一个统一的涵盖各国证券市场和各种证券品种的证券代码标准，各种编码规则如 ISIN、CUSIP、Sedol 之间经常转换。

由于上述原因，公司行为信息来源缺乏统一标准，准确性低，各种信

息经常相互矛盾,有时甚至就是明显错误。美国证券从业人员中一部分人的工作就是整理并确认这些信息,他们把这种工作叫做"信息清洗(scrubbing)"。

2. 信息传送链条过长,传送手段落后

在美国树形的登记存管体系下,整个公司行为的处理会涉及大量的金融机构与投资者,信息传送的链条很长。在信息来源准确的前提下,如何把信息及时准确地传送给各方参与者也是一大挑战。其中,托管银行与基金经理之间的信息交换就是一大难点。在一个公司行为事件处理中,一个托管银行会需要通知 1~100 个托管账户的基金经理,而一个基金经理则需要与 10~50 家托管银行进行沟通。

处理公司行为信息传送量很大,相形之下,美国证券市场信息传送的手段却比较落后。目前,参与人通知客户最普遍的做法是用挂号信,除此之外,也采用电话、传真、电子邮件、专用网络等方式。整体来说,整个信息传送流程还是人工操作为主,耗时费力,并且容易出错。尤其是对于自愿性公司行为,客户需要在选择权过期之前进行处理,目前的信息传送流程让整个自愿性公司行为处理的时间非常紧张。在实际操作中,客户因为没有及时收到通知而导致选择权过期失效屡见不鲜。

3. 金融工具日趋复杂,处理难度加大

随着金融工程等技术的发展,金融工具的设计日趋复杂,为公司行为的处理加大了难度。例如,从 2000 年到 2002 年,美国的资产支持证券(Asset-Backed Securities, ABS)和附属担保品抵押债券(Collateralized Mortgage Obligations, CMOs)的本金数量增长了近95%。这些金融工具每个月的本息支付计算都非常复杂,支付之后的结果又将反映到其资产池的本金与利息收入,各方参与者不得不花费许多精力来理解这些证券的公司行为处理。

4. 选择权处理操作风险大

目前美国在自愿性公司行为的选择权处理中存在着很大的操作风险(operational risk)。在树形登记存管体系下,DTCC 只受理其参与人汇总上报的选择权结果,而参与人也只受理其直接客户的汇总上报结果,处理流程很长。并且,处理过程中存在大量的手工操作,如参与人可能与客户通过传真来沟通选择权处理,这就意味着必须将书面的结果再次输入电脑,与 STP 的处理原则迥异,存在着极大的操作风险隐患。据 DTCC 估计,美国证券业处理公司行为 10% 的成本都来自为弥补操作风险带来的损失而动用的风险基金。

二、2003 年 DTCC 提出的公司行为处理最佳模式及改革

公司行为处理的上述缺点随着金融市场全球化以及金融工具的复杂化而日益突出,开始受到市场各方的高度重视。G30 在其 2003 年的研究报告《Global Clearing and Settlement：A Plan of Action》中指出,"公司行为处理是产生操作风险的主要原因",并在其报告对国际结算提出的 20 条建议的第 8 条中明确提出"将公司行为处理自动化和标准化"。新巴塞尔协议也非常重视控制操作风险,美国证券业协会(SIA)也成立了专门的公司行为小组研究相关问题。加之由于布什政府的减税政策以及长期的低利率,引致公司行为活动非常活跃,证券界控制风险和降低成本的呼声日益高涨。这一切,都促使了 DTCC 下决心对其公司行为服务进行改革。

针对当时处理方式的缺点,结合国际登记结算业界的公认原则,

DTCC 提出了处理公司行为的最佳模式:一是信息披露标准化。公司行为信息披露应在发行人或其他披露人做首次披露时就实现标准化,以实现信息来源的标准化。二是信息传送自动化。信息发布应有集中的平台,信息传送应自动化,实现信息以标准的格式直接从信息初始发布人传送到信息使用者。三是信息标准国际化。使用国际标准与最佳模式,实现国际不同市场之间的信息交流顺畅、公司行为处理模式一致。四是选择权处理自动化。实现自愿性公司行为的选择权处理自动化,减少操作风险。五是证券无纸化。在提出这些最佳模式之后,DTCC 相应地改革其公司行为服务,推出了一系列的相关改革措施:

(一)促进公司行为信息标准化

保证公司行为信息从来源上达到标准、一致、完整,是防范信息不准确风险的最主要和有效的办法。为此,DTCC 配合其他机构,积极促进公司行为信息标准化。在国际组织方面,国际标准化组织(ISO)于 2002 年11 月在其著名的 ISO 15022 标准中加入了约 70 种新的数据元素,专门用于描述公司行为。国际证券业协会(ISSA)也正试图在全球证券市场推出一套统一的公司行为数据标准,实现不同证券市场的标准一致。G30 在其研究报告中建议以 XML 语言作为公司行为信息传送的标准语言。在美国国内,证券业协会成立了专门的公司行为小组,研究制定一种公司行为信息发布的标准模板(template),并试图游说美国证监会(SEC)在法律上规定发行人或其他的信息发布者必须按照这个模板来制作信息。以上这些措施,都是为了让公司行为信息在来源上就实现规范和准确。DTCC与其他中央存管机构一起,参与了这些标准的制定与推广工作。

（二）推出全球公司行为服务

DTCC 公司行为服务改革中,最大的措施便是推出了全球公司行为服务(Global Corporate Action,GCA)。在 2003 年之前的公司行为处理流程中,DTCC 的角色还只是局限于对其存管的证券在其公司内部的处理。而随着 GCA 服务的推出,DTCC 将参与整个公司行为处理流程,美国市场的公司行为处理也就将从目前的分散模式转变为以 DTCC 为核心的模式。具体而言,GCA 服务包括了以下一些内容。

1. 中央信息提供服务

针对公司行为信息发布散乱、市场参与人需要各自整理的问题,DTCC 推出了中央信息提供服务,由 DTCC 集中整理各种来源的信息并提供给其参与人。DTCC 提供信息的证券种类不局限于存管于其处的证券,其目标是提供"全球所有公开交易的证券"的公司行为信息,2003 年 4 月,DTCC 在纽约与伦敦设立了两个 GCA 信息整理机构,负责整理北美及欧洲证券市场的信息,计划 2004 年在亚洲设立类似机构,届时将为其参与人提供在亚洲交易的证券的信息,包括中国证券市场的信息。

DTCC 参与人可依自己的兴趣设定不同的条件来接收信息,既可按区域分类,如接收来自美国或英国的证券的信息;也可按证券品种分类,如接收股票或债券的信息;还可以指定一个资产组合,接收资产组合中证券的信息。

中央信息提供服务为市场提供了标准的公司行为信息,达到了所谓"单一准确答案(single right answer)"的效果,有利于公司行为被市场准确理解;并且,将以前需要各个参与人分别整理的工作由 DTCC 一家承担,大大减少了市场成本。

2. 中央信息交换服务

如前所述,美国市场信息传送存在链条过长,传送手段落后的问题,尤其是对于 DTCC 两大参与人——基金经理与托管银行而言,这个问题尤其突出。二者之间的信息交换模式是一种散落的信息交换模式。在一个公司行为事件处理中,一个托管银行会需要通知 1～100 个托管账户的基金经理,而一个基金经理则需要与 10～50 家托管银行进行沟通,并且不同机构有不同的信息传送方式,这些都大大加剧了操作风险。

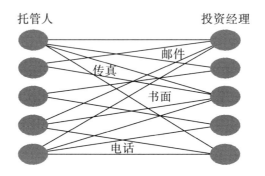

旧的信息交换模式示意图

针对这些弊端,DTCC 推出了中央信息交换服务,其核心思路是 DTCC 在信息交换中充当中央处理角色,如下图所示。

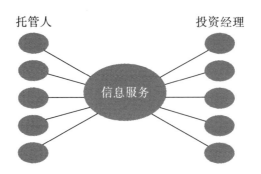

新的信息交换模式示意图

DTCC 构建了一个专用信息中心网络,托管银行对基金经理的通知只需通过信息中心发布,而基金经理的选择权报送也只需报送给信息中心,交换模式大大简化。DTCC 的中央信息交换服务具有以下几项特别功能:一是稽核功能,信息被读取之后会有标识,读取人不能否认获取了相应的信息;二是追踪功能,信息发出者可以查询其发出的信息是否被读取、被谁读取;三是提醒功能,当有信息需要用户读取而用户在一定时间内又没有读取的时候,信息中心会通过电子邮件等方式来提醒用户。

由于中央信息交换服务简化了信息交换模式,并同时采用了 ISO 15022 等标准的信息传送方式,在降低市场成本的同时,也很好地控制了风险。

3. 受益人层面数据服务

在以前的自愿性公司行为处理中,参与人只向 DTCC 报送汇总后的选择权处理结果,但在实际业务中经常产生这样的现象:由于参与人计算错误等原因,DTCC 传送给参与人的汇总数据与参与人在受益人层面的明细数据的汇总不一致。为防范此类风险,DTCC 提供了受益人层面数据服务。在自愿性公司行为中,参与人可以向 DTCC 报送受益人层面的明细数据而不是只报送一个汇总数据(这不是一种强制性的要求,参与人仍可只报送汇总数据),DTCC 将根据报送的数据将每个受益人的明细数据计算出来提供给参与人,这样,就总能保证明细数据与汇总数据的一致性。

(三)积极推进证券无纸化

DTCC 与其他市场机构一起,努力推进证券无纸化的进程,避免在公司行为处理中使用实物证券。

专题 2:DTCC 的财富管理服务

财富管理服务(Wealth Management Service,WMS)是 DTCC 为适应结算成员需要、依托传统业务模式发展起来的新登记托管和结算业务,为三个不同的产品领域提供一整套交易和信息服务:共同基金(mutual funds,MF)、管理账户(managed accounts,MA)、替代投资产品①(alternative investment products,AIP)。投资者通过使用财富管理服务可在扩大交易关系、加快处理效率、降低风险、减少市场和操作成本等几方面获益。

一、共同基金服务

通过数十年的发展和变化,共同基金服务为基金业超过 11 万亿的资产提供直联接入(end-to-end connectivity)服务,将自动化、集中化的数据提供给基金公司和基金承销商,帮助他们向战略伙伴扩展提供的服务和网络,从而有效地减少成本和风险。

此项服务由 NSCC 通过 DTCC 的基金服务平台"Fund/SERV@"②实现,每天处理近 70 万笔近万亿美元的基金交易。基金服务平台将基金与基金客户的数据联接在一起,其处理交易服务和行业标准方面均达到较高水准,是 DTCC 的明星系统之一。

---

① 经美国证监会批准。

② DTCC 由 1983 年开始规划,到 1986 年正式完成了 Fund/SERV 系统,其系统名称 SERV 系由 Settlement(交割)、Entry(输入)、Registration(登录)、Validation(确认)缩写而成,顾名思义为集中办理基金申购、赎回、转换、账户登录及基金净额交割服务的信息系统;同时也是共同基金信息交换中心,提供联结银行、销售机构、基金公司及公司事务代理机构间基金信息传递。(资料来源:《DTCC 考察报告》〈2007〉)

共同基金服务的范围主要包括以下 11 项：

	服务项目	服务内容
1	ACATS-Fund/SERV	将基金份额从一个投资者转移给另一个投资者
2	佣金结算 （Commission Settlement）	简化基金公司与第三方分销商公司之间的支付过程
3	每日定价和评级 （Daily Price & Rate File）	为资产提供每日净价的定价和增值评级服务
4	固定缴款清算与结算（Defined Contribution Clearance & Settlement ）	为退休基金等福利项目提供流程处理和信息交换
5	基金服务平台（Fund/SERV@ ）	集中登记、确认、注册和资金结算的系统
6	Fund/SPEEDSM	为基金、经纪商、财务顾问等提供指令和账户信息的实时交换服务
7	全球更新服务（Global Update）	为基金的分支机构和账户执行管理方提供最近更新的信息
8	共同基金组合服务 （Mutual Fund Profile Service）	提供集中的基金发售说明书信息
9	联网服务（Networking）	为基金和企业之间提供交换准确一致的账户信息
10	标准数据报文联网（Networking for Standardized Data Reporting）	为基金公司提供用于监控交易情况的多功能、超级多功能账户信息
11	退休资产转移（Transfer of Retirement Assets）	退休资产份额的转移服务

对比 2005 年 DTCC 的服务项目可以看出，上表中第 3、7 和 10 项，关于基金转移、定价、评级、全球服务和标准报文的服务内容，是 2005 年之后发展起来的增值业务，这一方面显示了债券市场对中央托管机构在此方面服务的需求，另一方面也显示了中央托管机构在此方面业务拓展存

在较大的潜在空间。

ACATS-Fund/SERV作为共同基金服务的核心系统,彻底改变了整个行业在基金转移业务方面的手工操作模式,是整个行业由手工处理到自动化、标准化处理的变革之举。2009年,ACATS-Fund/SERV新增了基金公司与基金销售公司之间转移基金份额的服务。摩根斯坦利是ACATS-Fund/SERV最早的用户之一,摩根斯坦利账户转移服务部的负责人认为,ACATS-Fund/SERV对于优化摩根斯坦利公司内部的商业模型具有重大意义,在此项服务推出前,关于基金的转移涉及所有环节基本上由人工进行处理,由于涉及六七个步骤且涉及人员面较大,处理时间冗长且经常处于不可控状态,一般需要2周。而今,同样的业务在2天内即可办理完毕,如匹配环节有问题还可随时获得反馈信息。到2010年底,摩根斯坦利相关业务中约有90%以上可以通过系统自动完成。

二、账户管理服务

DTCC通过其直联和网上客户端,向客户高效安全地传输XML格式标准化的各类账户管理服务产品整合数据,将账户管理数据的错误、延迟和操作成本降至最低。此项服务主要面向投资经理、经纪商等有账户管理需求的客户。主要优势在于:(1)减少业务处理后账户管理方面所耗费的大量时间和成本;(2)快速账户开立和服务管理;(3)减少耗时耗力的大量纸质单据和人工处理流程,降低操作风险和错误概率;(4)通过自动化服务减少客户资金到账时间,提升资金投资效率;(5)更低成本运行更大量的账户管理工作,使客户有更多时间进行提升业务量并提供更多定制化产品和服务;(6)保护投资者业务记录的私密性和安全性;(7)减少可能引发严重金融后果的操作风险;(8)向参与者提供安全的内部沟通网络平台。

账户管理的主要服务包括:(1)账户开立。通过一步简单操作开立账户,填写客户资料、风险接受程度、税收地位、资金来源、限制调课、特定日期的授权交易类型等。(2)账户维护。资金存管、撤销和到期提示等。(3)客户资料更新。相比较定期更新方式更加及时、操作更加简单,向客户提供最新的客户资料以及更新记录,减少客户投资策略、项目中的风险。(4)明细对账单和总对账单服务。提供相关资产管理、清算信息。(5)模式化消息。账户管理服务向投资者提供了多层次、多模式的账户类型,为适应资金管理体制对模式化消息标准的需求,DTCC 强化了资产管理组合的模式化处理,向用户提供最新版本的统一账户管理系统(UMAs),越来越多的用户正从标准化的账户管理服务中受益。模式化消息的流程经由 DTCC 系统自动完成,主要分为消息的提供、确认、审核、发布四个步骤。

三、替代投资产品服务

自 2008 年得到美国证监会批准后,NSCC 于 2009 年开始向市场参与者提供替代投资产品服务①(The Alternative Investment Product,AIP),即为交易商、基金管理公司、基金登记公司和托管人,提供将流动性较差的投资产品如对冲基金、投资于基金的基金、房地产信托投资基金(REITs)、私募股权等进行端对端的标准化处理流程和服务。

---

① AIP,也译为另类投资、非主流投资,主要指在股票、债券及期货等公开交易平台之外的投资方式。

由于替代投资的运作的根本理念体现了对市场运作效率的补充,主要针对于离公共交易平台较远、价格与价值偏差可能较高的投资方面,其投资重点放在没有上市、但具有包装潜力的企业和项目上,通过购买、重组、包装、套现,将收购的企业或项目的价值体现出来。同时,也正因为不在公共交易平台上运作,替代投资非常缺乏流动性。一个项目从购入到套现通常需要几年的时间,于是替代投资基金一般设有 5、10 年的锁定期,中途赎回很困难。在 AIP 服务推出前,替代投资产品的整个操作过程都面临十分复杂的人工操作和处理方面的困难,包括:(1)区分产品性质,获取产品数据;(2)纸质注册记录、流转记录;(3)支付处理问题;(4)分散的数据通讯;(5)相关文件存放在多个地方,在指令发送过程中存在多种格式;(6)计算本金和利息时耗费时间;(7)相关规则的透明度不够高;(8)发行渠道非常有限。

AIP 服务的出现,对于替代投资行业是具有划时代意义,极大地提升了替代投资产品的流动性和价值,提高了替代投资产品处理的效率,大大降低了操作风险。AIP 服务通过系统操作的方式,使得替代投资产品在各环节处理方面变得标准化、规范化和流程化,处理效率提升的同时,产品及其相关产品的安全性也得到提高。AIP 服务,既是行业内各个领先机构合作的结果,其成功也建立在 DTCC 多年来成功的共同基金服务经验基础上,可以预见的是,AIP 服务将改变整个替代投资和直接投资行业发展的模式。

AIP 服务主要包括:(1)基金的发售、赎回、支付、注册等相关基本流程;(2)赎回、投标指令发送;(3)交换;(4)估值、价格报告;(5)发售和结算情况报告;(6)通过 XML 进行框架文件传递,通过 CSV 格式进行文件上传。

AIP 的服务对象主要包括 NSCC 的共同基金服务用户、美国证监会注册咨询公司、CFTC 注册的商品资产池操作公司、交易咨询公司、美国证监会注册投资公司、交易商、银行和信托公司等。美国和非美国本土的企业都可以申请此项服务,参与者只需签署 AIP 会员协议并指定一家 NSCC 结算银行即可。

四、财富管理服务近年发展趋势与挑战

近两年的经济形势对共同基金行业形成了挑战,相应地,作为以共同基金为主要服务对象的 DTCC 财富管理服务也在效率提升方面不断进步以适应这种挑战。一方面,共同基金对多用途的会计处理需求不断提升,交易商越来越多地参与到会计处理环节;另一方面,基金公司在财富管理固有直联服务模式下对技术升级的投入呈下降趋势,需要 DTCC 提供具备更多应用功能的网上客户端服务直达终端用户。为此,DTCC 与客户一起成立了专门的投资经理团队开展账户管理服务入门服务(Managed Accounts Service Portal),使用户机构从一开始就能通过账户管理服务与合作伙伴进行通讯,有效地避免了之后可能产生的技术升级投入。此项举措的初始投资甚微,却收效甚好,同时改变了基金公司的商业模式。由于减少了多余而昂贵的联接费用,用户机构本身的产品成本也有所下降,客户因而对此积极性较高。以 UBS 金融服务公司为例,该公司是使用账户管理服务的全美第三大交易商,为此投入了 15 名投资经理参与早期测试,以加速联网系统应用过程。

随着投资组合发展日趋复杂,基金管理者迫切需要通过一个终端看

到所有的基金运作情况。2009年,DTCC账户管理业务推出"统一账户管理"服务,以适应市场日益增长的投资产品需求。同时,DTCC还积极向共同基金行业推广共同基金账户信息服务,提供大量综合化、数据化的基金销售相关信息,内容包括蓝天法案、CDSC数据和佣金、短期兑付费用、支出和佣金,以及经纪人时间表和联网规则等,在基金发售过程中发挥了极其重要的作用。当然,其作用的前提是所有参与者对信息数据百分百的信任和依赖。2009年,DTCC向用户机构提供了最新的数据上载和更新的渠道,在提升信息更新效率的同时也强化了法律效力。随着行业发展的需要,账户管理服务潜力巨大,DTCC在操作效率方面的推动对共同基金行业的推动作用很明显。

在替代投资产品服务方面,随着房地产投资信托基金市场的发展,可以预见的是该项服务的用户机构数量近年将有较大提升。同时,鉴于替代投资产品本身组合的复杂性、涉及产品的广泛性,AIP服务本身调整的难度较大、调整步伐较慢。此外,DTCC在相关法案修改方面,向美国证监会申请将客户在DTCC开立的基金管理账户交由交易商进行管理。这项法案修改如得到批准,将得到交易商的广泛欢迎,交易商通过对账户的管理可以将服务延伸到基金顾问和投资者中。

在全球化发展方面,DTCC财富管理业务接受来自非美国本土企业作为直接参与者和用户,基金交易的结算币种除美元外还提供欧元和英镑。

专题3:DTCC的业务持续性管理

DTCC目前办公场所分为三类,第一类是数据中心,主要集中在美国本土,核心数据中心有两个,负责数据处理和输入,两个中心之间通过 DWDM 设备连接起来,互为备份;第二类为开发中心,目前在美国、加拿大和伦敦和印度设有软件开发中心;第三类为业务操作中心,分别设在纽约、佛罗里达州坦帕,英国伦敦和中国上海。

目前全球 IT 职员有 500 人,分别管理着 IBM Z9 主机和 1200 多台分布式服务器,平台包括 IBM AIX, Sun Solaris, VMS, AS400, Windows & Linux 等环境,数据量为 850TB,其中 175TB 为大机数据量,存放在 EMC 磁盘阵列上。此外,还包括 4500 余台 PC。

这些设备均通过 SMART 网络连接起来。每个中心均可作为网络接入点。对客户来说,除通过 SMART 网络连接到专网系统外,还可以通过 SMART DIAL 拨号连接、internet 连接以及利用现有的一些基础网络环境接入,如 SWIFT、FRB、BONY、JPMChase 等。

IT 系统承载着 DTCC 全部核心业务处理,2009 年每天处理 85600 个批处理作业;9600000 个 CICS 在线交易,峰值可达每秒 330 个交易;2300000000 个 DB2 数据库请求,平均每秒 25000 个请求,峰值达到每秒 62000 个请求;2009 年结算量达到 1480 万亿美元,相当于每个工作日 5.92 万亿美元的结算量。

作为全美证券登记结算机构,DTCC 在美国证券市场运行中处于举足轻重的地位,确保证券市场的安全运行一直就是 DTCC 的头等大事。在经历了"911"恐怖袭击事件后,DTCC 更加重视业务的持续性管理。近几年成功地应对了几个灾难性事件,如东南亚地震所导致的上海办公室通讯中断和伦敦恐怖袭击所导致的伦敦办公室关闭等等。其业务持续性管理经验在很多方面值得我们借鉴。

一、注重人员保护以保证业务操作持续

DTCC 认为员工的保护和安全是整个业务持续性管理中具有最高优先级。要实现业务的持续运转,达到业界和投资者所要求的业务持续,必须依赖于高素质和训练有素的员工以及所制订的和周期性维护的紧急流程。具体来说,员工安全措施包括:

(一)员工分散化

将员工分散在多个场地办公,避免关键业务专家过度集中在一个办公场所。目前 DTCC 已经实现了在多个办公场所进行日常业务操作。此外,DTCC 也将总部的一部分客户关系管理员工调派到其他场地,一旦出现紧急情况,也能和客户保持良好的沟通。这也是美国联邦政府关于中介的白皮书中所要求的,其要求中介机构应采取有力的措施,能够从大面积的灾难事件中迅速恢复,对于核心的清算和结算机构,其备份场地的选择应充分考虑到不会被同一灾难所影响并具有充分的同类劳动力资源。

(二)通讯

在紧急情况下,通讯的有效性变得非常关键,尤其是员工之间的通讯。DTCC 采用了多种方法以保证紧急情况下的员工联系,如在每个办公场所均有公用地址簿,DTCC 高管能够在紧急情况下能够直接向多个办公场所讲话,同时,配备员工电话热线能够随时更新信息,安装邮件广播系统,并有效管理通讯树(CALL-Tree)且定期更新。

(三)优先的电话服务和紧急访问

每年两次,高管层会收到紧急联系卡片,包括高级员工和关键员工的

最新电话信息（家庭、手机和传呼等）。关键员工还配备了手机、传呼机、黑莓设备和其他通讯设备。此外，DTCC 的高管可以得到美国政府的政府应急通信服务（即 GETS 服务）和无线优先服务（WPS），这保证高管可以从电话和移动设备访问美国政府的紧急电话服务。DTCC 的高级管理人员和关键员工也参与到纽约市的企业紧急通道系统（CEAS）。

（四）员工安全

DTCC 非常注重员工安全的培训，主要是紧急情况下的应急流程培训、疏散程序以及应急设施的装配和存放地点等等。员工还需要参与到每年几次的疏散演习。由于 DTCC 的一些办公场所位于多租户的建筑物内，DTCC 的疏散演习并不能真实反映实际紧急情况，因此，DTCC 还将与其他租户共同讨论，制订总建筑疏散计划。在公司内部，会提供楼层的员工应急指南并有着明显的标志，包括地面上的地图以及楼层的工作人员的集结点等等。

（五）物理场所安全

物理安全永远是头等大事。DTCC 一直非常关注办公场所的安全。在过去的几年里，采取了几项措施，包括和不同地点的办公场所物业管理的合作，加强在这些建筑物的保护，如 DTCC 总部大楼安装了混凝土护柱，以防范对建筑物周围物理攻击的保护；建筑入口处增加了 X 光机和磁强计以检查武器或爆炸物；犬队定期对建筑物周边进行检查；所有的邮件包裹均需在特定的防爆房间进行筛选；和当地执法以及与联邦当局保持紧密联系等等。

二、确保数据和系统的稳定性

为了保证数据和系统的稳定和连续,DTCC 建立了多个数据中心,数据中心分布在不同的位置,以保证系统冗余和数据安全。

(一)多中心分布

除了纽约总部,DTCC 目前已经建立了多个数据中心和办公场所,包括在北美之外。DTCC 每个数据中心均配备员工,并能提供全面服务,数据能够在多个中心之间复制并具备灾难恢复能力,可以随时进行关键系统的切换。每个数据中心均配备冗余的电力系统,包括发电机;每项关键业务至少能够在两个独立的中心进行处理,一旦某一中心出现故障,能够迅速切换到另一中心。

(二)两小时内的系统迅速恢复

2006 年,DTCC 通过采用最新的硬件复制技术,并和 EMC 合作,根据 DTCC 的要求,定制了数据复制代码,将数据从主中心同时往多个中心复制,数据延迟从以前的 30 分钟减少到不到 2 分钟。这在以前认为是不可能的。在技术上是一个重大的突破,复制速度有很大提升,DTCC 能够将数据近乎实时地复制到 1000 多公里外的备份中心,并同时保持多个中心的数据一致性,这也是和以前的阶梯性复制不同的地方。这对于 DTCC 来说,保持最高级别的信息安全是非常重要的。此外,DTCC 还编写了近万行代码,实现自动恢复操作,一旦出现问题,能够尽快将其他几个中心变成可用状态。正是由于数据的迅速复制和自动恢复角本,保证了 DTCC 数据中心能够在两小时内迅速恢复。

（三）维持灵活的通信网络和电信系统

DTCC 为了增强其所有主要的客户和不同数据中心的连接灵活性,以保证其连接不受数据中心切换的影响,建立了 SMART 骨干专网。客户只需连接到 SMART 专网的任何一个接入点,即可实现对不同数据中心的无缝访问,客户无须关心数据中心实际运行位置。同时,DTCC 要求各客户参与至少每年一次的强制连接测试,这些测试将与监管机构的业务审定相挂钩。SMART 骨干网结构如下图所示:

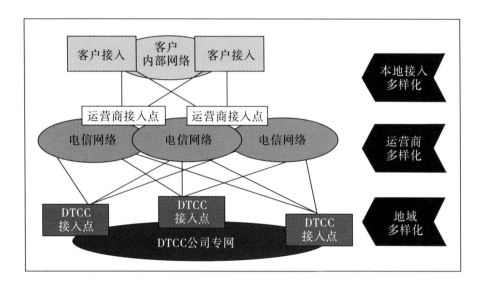

从图中可以看出,客户可以通过不同的运营商接入 DTCC SMART 网络的任两个点,实现互为备份。客户从任何一个点均可访问到 DTCC 的系统资源,而不用关心应用系统实际在哪个数据中心运行,从而减少系统切换对用户的影响。而且通过对国防部、财政部和美联储的赞助,DTCC SMART 网络可以享受国家通讯系统电信服务(TSP)的优先恢复服务。DTCC SMART 网络可以从任何一个数据中心进行管理。

（四）远程命令和控制

DTCC 的任何一个数据中心，可以远程地进行管理、操作和监控。可以实现以自然日的基础上，数据处理在不同的数据中心进行轮换，事实上，这已经在 2005 年 8 月的美国飓风灾难中得到检验。

三、危机管理

由于"911"恐怖袭击事件发生导致业务中断后，DTCC 重新调整了危机管理策略，包括重新修订了危机管理计划。作为一项长期的要求，DTCC 所有业务和支持部门均需制订应急计划，各部门需要标出关键任务以及恢复时间目标，并指定专门人员负责执行这些关键的任务。为了更好地执行危机管理计划，DTCC 调整了危机管理控制机构，它现在包括：行政执行领导小组、几个特定重点业务领域的应急处置小组以及危机指挥中心。

（一）行政执行领导小组

在发生危机时，该公司将启动一个行政执行层领导小组来管理公司的各项应急。这个团队是由负责各主要部门的高级执行管理人员构成，这些部门包括法律、人力资源、行政管理、信息技术、运营、关系管理、安全和后勤等。每个团队成员在危机中均有具体的职责，如员工沟通、外部公关、技术连续到性、业务关系、政府联络等等。此外，每个团队成员均有着几个具备特定领域的专业知识的后备专家提供支持。DTCC 的子公司均参与到行政执行领导小组中。DTCC 还有一个执行轮换计划，以确保该团队中互为备份的几个成员不会出现在同一地点办公。

（二）第一反应行动小组

在 DTCC 每一个办公场所，公司均已指定一个第一反应行动小组，以处理眼前的危机情况。该团队的责任是应对场所危机，将危机所影响到他们的具体位置，设施和员工情况以及活动情况，报告给指定的行政执行领导小组成员。这将保证危机时有一个清楚的报告及指挥链。

（三）业务连续性处置组

DTCC 目前具有三个业务连续性处置组。技术基础设施处置组专注于应对危机时所有的企业数据处理及基础设施方面的连续性，包括计算机操作、设施、电信、系统支持、分布式系统等的连续性；业务连续处置组确保业务日常操作的连续性和流程的连续性；而产品管理组则确保 DTCC 所有特定产品和服务是可提供和访问的，如危机时影响到某一特定的产品线时如何减轻对客户的影响。业务连续性处置组成员主要来自于各相关部门的高级经理以及备份成员。他们也有责任向行政执行领导小组报告。

（四）危机指挥中心

DTCC 在其总部及其他办公场所均设立了行政执行领导小组使用的危机管理中心。这些中心都配备了所有必要的数据处理和通讯设备，如独立于 DTCC 正常通信系统的语音系统，允许领导团队可以快速装备，审时度势，命令发布等等，即便是 DTCC 公司自身的语音通信系统瘫痪。DTCC 的所有办公场所也配备了公共广播系统，允许高级管理人员能够在紧急情况下直接和员工沟通。

四、与客户及监管当局的沟通

通过在危机期间,给客户、市场和监管当局提供一些必要的信息,以评估危机形势并做出决定,给各方面灌输信心。DTCC 持续与政府和行业组织密切合作,评估和减轻潜在风险,包括 DTCC 自身的业务或业务恢复能力,以及所支持的行业流程。DTCC 也参与了纽约市政计划以便在紧急情况下协调进入我们的各种设施,同时,DTCC 也与各政府机构和行业组织合作,以监督各项金融服务的基础设施和功能。

危机沟通是极为重要的。在紧急情况下,DTCC 会和客户、市场和监管当局进行广泛交流,其中更多的是非技术方面的沟通。

五、应急演练

十几年来,DTCC 都照例进行定期的应急演练,并在完成后对演练结果进行评估。自"911"事件后,DTCC 就意识到应急演练的规模和紧迫性,并已开始着手加强,采用更加频繁的桌面推演的方式,以期检验危机管理小组的应对知识及流程,以及检验其行政领导指挥小组如何在公司总部或其他办公场所发生灾难性事件时如何响应。

目前 DTCC 采用一些新的演练方法,如工作移交演练和事先不通知的突击演练。

(一)工作移交演练

工作移交演练是针对那些能够同时在两个办公场所进行处理的业务部门。为了检验一个办公场所的处理能力,演练时,一个办公场所承担全部的日常业务处理,另一个办公场所"停止运作"。

(二)事先不通知的突击演练

事先不通知的突击演练则是在事先只有少量高级管理人员知道,通过模拟的灾难事件,启动 BCP 计划中的通讯树(Call-Tree),通知员工一个假设的灾难,并要求员工在次日到达备份办公场所开展业务操作。由于事先未通知,能够检验 BCP 计划的完整性以及更多的暴露问题,以便于修订 BCP 计划。

(三)与客户合作,加强他们的业务连续性计划和基础设施

DTCC 除关注自身的业务持续性计划外,还通过和客户及业务的交流,整合客户的持续性计划。同时,DTCC 还对服务商提出了要求,要求服务商的业务持续性计划匹配 DTCC 的计划。此外,DTCC 还计划为客户及相关企业提供业务连续性计划服务。

(四)确保连接性

DTCC 已加强与市场主要参与者的电信网络互联,以确保 DTCC 数据中心不仅能够和客户的主生产中心连接,也能够和客户的备份中心连接。DTCC 也和几个主要大型客户进行交流,探讨如何通过地域多样性满足双方的互联要求。

(五)连接性测试

DTCC 子公司、DTC、NSCC 和 FICC 要求主要参与者和客户每年均参加网络连接性测试。目前 DTCC 也要求更大批量的客户至少每年测试一下和 DTCC 的系统连接,包括从客户的生产中心和备用中心连接到 DTCC 的多个数据中心。

（六）业界演练

此外，DTCC 也参与业务的应急演练，如 SIFMA、FSA、SWIFT 和 Fed-wire，等等。

（七）客户恢复计划

DTCC 参加到业界的几个委员会，以共同应对业务连续性方面的相关问题。

美国 DTCC 本金及收益支付业务介绍与信息技术整体概述

王华胜　丁晓乐　冯淳　骆晶

一、DTCC 的本金及收益支付业务

（一）本金及收益支付业务概况

1. 业务概况

本金及收益支付业务（Principal and Income payments，简称 P&I）是 DTCC 资产服务中一项核心内容。该业务由 DTCC 全资子公司 DTC（The Depository Trust Company，全美证券托管公司）运营，为托管的超过 350 万支证券提供自动化、集中化、标准化的利息支付、持有期内本金兑付、到期兑付、股利分配、赎回服务。

DTC 每日①会处理 2000 至 10000 笔 P&I 业务，单日拨付金额达 20 亿

---

① 本文中所指的日期均为工作日。

至 100 亿美元。在业务高峰日如每月 1 日、15 日及 25 日,DTC 单日会处理 35000 至 230000 笔 P&I 业务,单日拨付金额超过 700 亿美元。2009 年,99.95%的收益款项于支付日当天顺利拨付。

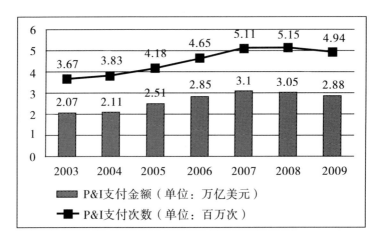

2003—2009 年 DTC 本金及收益支付业务概况

2. 业务流程

DTC 采用二级托管结构:DTC 目前有 1000 多家成员(即参与者,participants),DTC 的成员大部分为证券公司和商业银行。参与者与 DTC 签订集中托管协议后,DTC 为其开设托管账户,办理其客户或其本身有价证券的送存、取回及簿记过户等服务。不是 DTC 成员的投资人需在参与者处开立证券账户。参与者不对 DTC 披露其管理的投资人账户情况。以上构成了 DTC 的分级托管体系。在这种托管体系下,DTC 负责维护参与者托管账户,参与者负责维护其管理的投资人证券账户,DTC 不负责投资人账户层面上的维护工作。参与者托管账户与参与者管理的投资人证券账户构成了总账与明细账的关系。

DTC 每个工作日对支付日为当天的收益款项进行汇总后,会先向参

与者进行支付,再由参与者贷记其管理的受益人(beneficial owners)证券账户。具体业务流程如下:

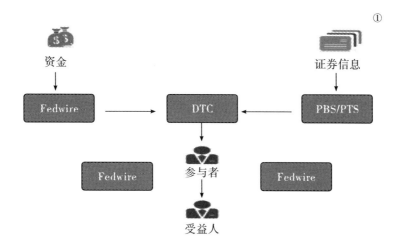

3. 涉及的业务系统

为顺利完成本金及收益支付业务,证券发行人、支付代理人(paying agents)、参与者需要使用以下至少一个 DTC 业务系统的相关功能:

(1)参与者客户端(Participant Terminal System,简称 PTS)

(2)参与者浏览器(Participant Browser Service,简称 PBS)

(3)数据直联(Computer to Computer Facilities,简称 CCF)

(二)本金及收益支付业务的发展历程

1.“全部拨付”准则(“allocate all”methodology)

自 1996 年美国证券行业实行证券结算同日款项支付(same-day-funds payment)以来,P&I 业务执行“全部拨付”准则,即 DTC 会在规定的支付日当天支付证券当期收益。即使 DTC 没有收到发行人的相关款项,

———————————

① (美联储转移大额付款的系统)

或者收到的款项缺乏必要的识别信息(如 CUSIP 编码①)导致与款项匹配失败、无法正常支付,DTC 也会在规定的支付日期支付当期收益(注:除非有证据证明发行人或支付代理人无法向受益人支付当期收益,否则 DTC 不会终止当期收益的支付工作)。

DTC 与发行人及支付代理人签署的《服务协议》(简称 OA②)规定,证券发行人或支付代理人需在支付日当天 15:00 之前向 DTC 拨付足额收益款项并提供所需的证券 CUSIP 信息,并推荐发行人或支付代理人于支付日当天 14:50 之前完成上述工作。如果由支付代理人向 DTC 拨付款项的话,那么该证券发行人应于支付日当天 13:00 前向支付代理人拨付款项,再由支付代理人向 DTC 进行拨付。

DTC 支付日日间对其收到的支付日为当天的收益款项及 CUSIP 信息进行自动匹配后,会及时将匹配成功的款项拨付给参与者,再由参与者拨付给受益人。对于未收到的大额收益款项,DTC 经办人员会随时关注这笔款项的状态,并及时向上级汇报,其上级会据此决定当天是否向参与者支付相应证券的当期收益(该证券发行人及支付代理人的支付记录也是需要考虑的因素)。P&I 业务的日终时点为每日 15:30,日终时点后 DTC 不再处理 P&I 业务,但还会继续汇集当天未收到的收益款项直至 Fedwire(大额转账系统)关闭。

为方便参与者处理 P&I 业务,DTC 在其参与者客户端及参与者浏览器中设置了相关功能,以支持参与者的内部业务处理。

---

① 美国统一证券代码。

② 全称为 Operational Arrangements Necessary for an Issue to Become and Remain Eligible for DTC Services。

多年以来,经过 DTC 和市场成员的共同努力,发行人或支付代理人向 DTC 及时拨付的收益款项占 DTC 拨付收益款项的比重不断提高。2009 年,接近 96% 的收益款项能够在支付日 15:00 前成功支付。

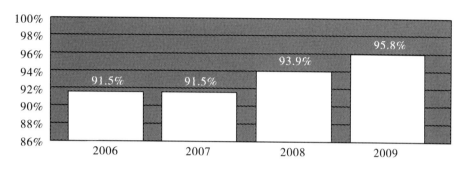

P&I 业务款项及时到账比例(截至每日 15:00)

2. "全部拨付"准则的风险

"全部拨付"准则在给予参与者及受益人极大的确定性的同时,也带给 DTC 相应的违约风险及流动性风险。而且随着金融市场和监管环境的发展和变化,这种风险还在不断加大。

(三)本金及收益支付业务现状

在充分的内部讨论、细致的市场调查及与监管机构深入沟通的基础上,DTC 于 2011 年 1 月起实行新的 P&I 业务准则——"allocate only those entitlements paid and Identified at CUSIP level methodology"。新准则规定,DTC 只对支付日东部时间 15:00 之前到账且 CUSIP 信息匹配成功的收益款项进行支付。

新准则实施后,DTC 不会在规定的支付日当天对未及时到账或 CUSIP 编码匹配失败的证券收益款项进行支付。如果支付日当天 DTC 未收到的款项于当日 Fedwire 关闭前到账,DTC 会对这笔迟到的收益进行隔夜使用,取得的投资收益通过月退款计划(Monthly Refund Program)返还给参与者。

在"全部拨付"准则下,由于收益拨付的确定性,部分参与者在支付日当天会自动贷记受益人账户(其他参与者在收到 DTC 款项后才会贷记受益人账户)。新准则实施后部分参与者的内部流程可能需要优化。

为了便于参与者在新准则实施后处理 P&I 业务,DTC 开发了两项新的业务功能:

1. PBS/PTS 新增 SDAR 功能

PBS 及 PTS 在日间对于参与者当天收到及未收到的应收收益款项及相应的证券 CUSIP 信息进行实时更新。

2. PBS/PTS 新增 CSHSET 功能

在 PBS 及 PTS 为参与者提供 P&I 业务相关款项的查询功能:

(1)预计应收款项信息:提供查询当日起五个工作日内该参与者每天的应收收益款项信息,每周一至周五 16:00 更新;

(2)已收款项信息:每日 10:00 至 16:00,整点后 15 分钟(如 10:15)提供已收到款项的支付记录;

(3)日终已收款项报表:每工作日 17:00 生成,包括当天所有已收到款项的支付记录;

(4)日间未收到款项报表:每周一至周五 12:30、13:30、14:45 生成,提供当时参与者未得到 DTC 支付的收益款项的 CUSIP 信息;

(5)日终未收到款项报表:每工作日 17:00 生成,提供参与者当天未得到 DTC 支付的收益款项的 CUSIP 信息;

(6)DTC 于 P&I 日终时点后收到的收益款项信息。

（四）本金及收益支付业务的辅助服务

除了收益款项汇集、拨付外，近年来 DTC 在 P&I 业务方面为客户提供了额外的服务内容，包括 P&I 信息提示、外汇支付、税务服务等。

1. 信息提示（Announcements Service）

DTC 通过 PTS、PBS 或者数据直联向证券发行人、支付代理人、参与者、受益人提供 P&I 提示信息。包括：

（1）从监管部门、支付代理人、受托人等处获得的相关支付信息；

（2）在规定的支付日前提供电子或书面的标准支付信息，内容涵盖证券 CUSIP 编码、权益登记日、支付日、支付类型、利率等；

（3）在权益登记日前两个工作日提供除市政债券以外其他证券的支付信息。

2. 外币支付（Foreign Currency Payments，简称 FCP）

DTC 提供的外币支付业务在计价币种方面为受益人提供了很大的便利性。对于非美元债券的收益款项，受益人可以选择按债券币种收取当期收益，也可以要求 DTC 支付相应数量的美元。

3. 税务服务

DTC 向客户提供的税务服务主要包括税务信息服务、税项宽免。

（1）税务信息服务（Tax Info SM）

DTC 的税务信息服务以简明的图表向客户及时提供 P&I 款项所涉及的税收信息，使客户理解复杂的税收政策，方便参与者帮助受益人做出合理的税收决策。此项服务在工作日为 24 小时服务，客户可通过 PTS 或 PBS 获取 PDF 格式的税务信息。税务信息服务提供的信息内容包括：不同税收规定下受益人的定义、不同国家各种类型投资人适用的预扣税率、相关法律约束、税项宽免所需的相关文件等。

(2)税项宽免(Tax Relief SM)

当在国外发行的证券进行本金及收益支付时,支付代理人会在应付金额中对需缴纳给国外税务机关的税款进行扣除,然后再将剩余款项支付给 DTC。一般情况下,支付代理人会根据发行所在国的法定比例预扣一部分税款。对于特定类型的受益人,现行规定允许其能够以低于法定比例的预扣率缴纳预扣税款。

DTC 的 Tax Relief SM 服务使得受益人能够通过两种途径实现税项宽免。一种途径是受益人在收到相应款项时,支付代理人已经根据该受益人最适用的税率从应收款项中扣除应缴税金。另一种途径是受益人在收到应收款项时以其所适用的最高税率缴纳税金,之后通过提交相关文件来获取之前其多缴的税金。

当发行人或支付代理人告知 DTC 某项即将发生的收益支付业务存在税项宽免的机会后,DTC 会及时与参与者沟通,并向参与者提供相关信息(包括证券 CUSIP 编码、税项宽免国家、权益登记日、支付日等)。参与者在债权登记日后的五个工作日内(具体天数可能会根据实际情况调整)可通过 PBS 或 PTS 发送电子税项宽免申请,在截止日前参与者都可对电子指令进行修改或删除。

二、DTCC 信息技术整体概述

(一)IT 部门在 DTCC

整个 DTCC 实际上是由三大相互作用的分支构成。其中产品管理和策略部门负责为每一款产品和服务制定商业战略,并组织产品拥有者和其他产品部门共同合作。所以股票清算,结算等部门会与固定收益、保险、共同基金、衍生产品交易、互换交易等部门通力合作。此外,DTCC 有一个唯一的运行部门负责所有产品的运营。IT 部门同时和这两大部门合作来支持产品正常运营。

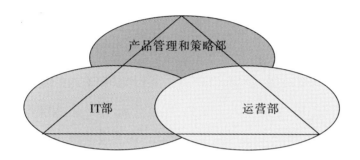

DTCC 的 IT 部门有 1300 人,大概占 DTCC 人员的一半(整个 DTCC 有 2600 人),所以 IT 部门在 DTCC 是一个非常大的机构。整个 IT 部门实际上有 3 个部分,其中两个比较大的部门一个是基础设施部门,主要负责管理所有的数据中心,机器和其他设施;一个是开发部门,负责所有应用的开发。另外还有一些独立的工作小组,比如安全组、IT 治理和流程组、IT 财务组,以及其他各种各样的小组负责 IT 流程的各个方面。

基础设施方面,DTCC 大多数的核心网络和核心系统都属于自己所有,基础设施部门主要负责美国境内的部分,美国境外的部分由 DTCC 的合作伙伴负责。DTCC 有 3 个数据中心,两个在纽约,另外一个在美国境内,两地三中心的格局保证了业务的高可靠性和可用性。DTCC 近几年非常关注业务持续性,主要是由于近 10 年来美国以及世界发生的一些安全事件。

DTCC 的开发中心遍布世界各地,主要关注的产品领域包括:清算和结算(固定收益和股票)、风险管理、估值服务、公司行为、衍生产品、组合贷款、财产管理、保险服务。最近 ISDA 又选择了 DTCC 作为互换交易的托管商。

(二)用户和 DTCC 之间的信息交互

DTCC 的自有网络是一个基于美国本土的私有专网,被称为 SMART (Securely Managed and Reliable Technology)。DTCC 控制网络的每一个终端。每个客户都会安装一台 DTCC 专有的路由器,所以 DTCC 知道客户的地址,网络通断情况等等。SMART 支持专线接入(比如 T1 之上的 MPLS)、ISDN、备份线路接入。支持的运营商主要是 AT&T 和 Verizon。客户和 DTCC 之间的文件传输采用 FTP、FTPS 和 SFTP 等。

另外 DTCC 还使用了 SWIFTNet 的服务,主要面向国际用户。使用的主要的服务包括 FIN(SWIFT 核心服务,在 209 个国家 9500 个金融机构之间安全高效、可靠的交换金融数据,其他的增值服务包括验证消息符合 SWIFT 格式,传输监视和优先调度,消息存储和查询,它采用 ISO15022 标准并基于内建全冗余分布式处理架构保证高可用性),InterAct(采用 ISO20022 标准和 XML 格式的消息传递协议来提供自动化和交互式消息交换),FileAct(安全可靠的文件传输,主要用于大量结构化金融消息和大报告的传输),和 BROWSE(基于 Https 的消息服务,使得用户可以访问远程站点)。

在消息格式方面,DTCC 正在大规模地向标准消息格式迁移。DTCC 早期的消息传递采用固定长度报文,这种格式报文每个字段的位置和长度固定,虽然短小紧凑,但是缺乏可扩展性。现在 DTCC 主要采用的标准消息格式有 ISO15022/20022(20022 是 15022 的改进版,主要由 SWIFT 推进),FpML(Financial Products Markup Language,主要面向 OTC 衍生产品行业),ACORD(Association for Cooperative Operations Research and Development,主要为保险行业制定标准),与固定长度消息格式相比,标准协议的好处是灵活可扩展,但是它们通常都比较大,因此比较消耗计算资源。DTCC 日常的消息量大概在 10 亿,与短消息相比,10 亿量级的长消息处理是完全不同的概念,为 DTCC 带来了全新的挑战。

(三)DTCC 的技术平台

DTCC 的技术平台主要是大型机和分布式计算平台的综合。整个应用架构是常见的三层体系结构。应用服务器主要是运行在 AIX 或 Linux 之上的 Websphere。数据库服务器包括 DB2、Oracle、Sybase、SQLServer。DTCC 的人员认为从数据库的角度来看,AIX 是一个比较可靠的平台。核心数据库是运行在 IBM 大型机 zOS 之上的 DB2,包括分布式 DB2 版本,因为一些应用需要访问多个数据源。数据库的监控主要使用 CA insight 和 BMC 的产品。大型机平台是 IBM z 系列,运算能力高达 14887MIPS,但这些 CPU 并不是全部启用,多余的计算能力有时用于压力测试。分布式服务器有 1200 台,不包括虚拟机。存储容量为 2150+TB。数据同步恢复软件主要采用 EMC 的产品(包括 SRDF/Star,TimeFinder 等)。主要的消息传递中间件是 MQ(DTCC 和其他金融机构交换消息的主要渠道就是 MQ)同时 DTCC 也在关注 AMQ(一种开放的消息传递中间件)。大型机上应用的开发语言主要是 COBOL、BAL,另外还包括相比较少的 JAVA,主要用于分布式系统中。

DTCC 的交易量峰值在 2006 年以前平稳增长,但一直在 50M Trades/sec 以下,2007 年以后迅速增长,到 2008 年超过 300M Trades/sec,金融危机后交易量有所下降,2010 年仍有 250M Trades/sec。IT 系统有充足的能力应对这些挑战。

DTCC 的基础架构部门大概有 450 人,每天运行 101000 批处理脚本, 1025000 次 CICS 在线交易(峰值 400/每秒),3500000000 次 DB2 访问(峰值 140000/sec)。

DTCC 的内部办公环境采用了 Citrix 的 Virtual Desktop 虚拟化技术。 DTCC 定制了一个 Win7 的操作系统镜像,其中包括一些常用软件,也去除了一些不必要的组件。用户登录系统后将会从服务器端下载自己的操作系统镜像。对于需要在多个地点办公的人员来说,他们总是可以访问自己的系统镜像。以往对整个公司的 windows 操作系统升级打补丁是一项挑战,有了虚拟桌面,只需要对一个操作系统镜像进行操作就够了。采用虚拟桌面的好处还包括节省计算资源,便于集中管理。一些调查报告表明大多数员工计算机的使用效率很低,汇总以后只需要在服务器端放置数台可扩展的高性能刀片服务器。虚拟桌面在满足大多数普通需求的同时,也为个别员工提供特殊的服务,比如程序员要求大量的 CPU,内存和硬盘资源,那么管理员通过动态分配更多的计算资源和存储空间就可以满足其需求。DTCC 的实践表明,从成本的角度来看,采用虚拟化的理由并不充分。但是从管理、灵活、安全,风险的角度来看,虚拟化的好处就会体现出来。

(四)IT 治理

在 IT 治理方面,金融危机之后,在美国监管机构的要求下,DTCC 逐步加强 IT 治理方面的工作。其主要工作包括评估风险,怎样规避风险。基本上从部署桌面客户端到重启路由器,都视为一个项目,被列入评估范围。在 ADM 治理方面,DTCC 采用的是并不严格的 Stage Gate 流程。其中包括 5 个阶段。第一阶段是概念形成,在第二阶段发展成一个业务方案,第三阶段正式收集客户需求,第四阶段需要 IT 人员大量的工作参与构建,第五阶段是施行。DTCC 通过了 CMMI3 级(已定义级)认证,并在实施 4 级(量化管理),5 级(优化)。在基础架构治理方面主要遵循 ITIL 标准。在信息安全治理方面主要遵循 COBIT 标准。

加拿大国债市场管理经验与应对金融危机策略研究

曲凤云

一、加拿大国债市场有关情况

(一)国债市场概况

加拿大债券市场整体规模不大,但是品种丰富,交易活跃。2008 年末,整个债券市场的存量约为 13000 亿加元,品种包括:国债、地方债、市政债、企业债、资产证券化债券和枫叶债券①等等。

国债始终是加拿大债券市场上最重要的品种。市场化国债(Marketable Bond)主要面向机构投资者发行,具体包括:标准国债(Nominal Bond,期限在一年以上)、实际收益国债(Real Return Bond,RRB)②、国库券(Treasury Bill,期限在一年以内)以及现金管理券(Cash

---

① 国外机构在加拿大境内发行的加元债券。
② 物价指数债券。

Management Bill)①。

近年来,随着企业债、资产证券化债券等品种的蓬勃发展,国债的市场份额在逐步下降。1996年,国债存量占全部债券市场存量的比例高达49%,国债交易量占全部债券市场交易量的比例超90%。到2008年,这两项指标已分别下降为21%和77%(见图1)。

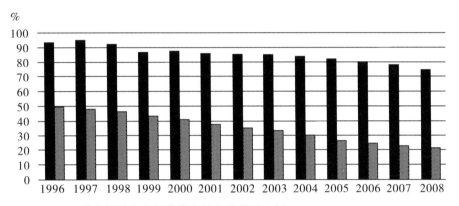

图1　加拿大国债在全部债券市场中的份额

(二)国债市场管理体系

1. 法律依据

加拿大政府实施债务管理的法律依据为"金融管理法(Financial Administration Act,FAA)"。该法案要求每个财政年度开始之前,政府须向国会提交"年度政府债务管理战略(Debt Management Strategy)",内容包括:债务管理目标、债务管理策略和方式、年度筹资计划等等。该"战略"

---

① 国库券和现金管理券作为低成本的现金管理工具被频繁使用,主要用于平抑短期内国库现金账户的收支不平衡。

须国会批准并向社会公布后,方可实施。同时,每财年结束后,政府还须向国会提交并向社会公布"年度债务管理报告(Debt Management Report)",对该年度的债务管理工作进行总结。

此外,"加拿大银行法(Bank of Canada Act)"赋予加拿大银行行使政府财政代理行的权力,协助财政部从事政府债务管理工作。

2. 债务管理目标和原则

加拿大政府债务管理的根本目标为"长期稳定且低成本的从市场筹资"。为保证根本目标实现而产生的派生目标为"建立和保持一个流动性强、功能完善的二级市场"。

为实现上述目标,加拿大政府在制定和实施债务管理政策时,始终遵循"依法筹资原则""谨慎性原则""透明、规律和流动性原则""严格监督原则"和"定期评估原则"等主要原则,即:政府须在国会授权的范围内开展筹资活动;政府须保持完善的债务结构、建立多元化的筹资渠道和培养广泛的投资者基础;政府须保持市场的透明度和流动性以吸引投资者;政府的筹资行为须在严格监督下进行,并定期进行评估。

3. 政府管理

加拿大财政部与央行共同负责政府债务的管理。其中:财政部偏重于政策的研究和制订,加拿大银行作为财政代理行则偏重于具体业务的操作和管理。

为确保发债和资金运作行为的合规性和安全性,政府还特别成立了"资金管理委员会(Funds Management Committee,FMC)",负责监督筹资计划的执行情况、评估筹资活动的执行结果、向财政部提供政策建议等等。同时,设立"风险委员会(Risk Committee,RC)"负责监控和报告金融市场和金融资产的风险情况。上述委员会主要由财政部和央行的高级管理人员组成。

此外,加拿大财政部下设"投资和储蓄局(Canada Investment and Savings,CI&S)",主要负责零售国债①的日常管理。

4. 行业自律管理

在强调政府管理的同时,加拿大也十分重视证券市场行业自律管理。目前,加拿大证券市场的行业组织为"加拿大投资行业自律管理组织(Investment Industry Regulatory Organization of Canada,IIROC)"。该组织是由加拿大投资商协会(IDA)和市场管理服务公司(RS)于2008年合并成立的。

该组织在政府部门的授权下,通过监控国内各主要证券市场,制定和实施行业规则,规范其下属会员机构和其注册雇员的行为来实现行业自律管理。如:该组织与财政部和央行共同制定了"会员经纪公司在国内债券批发市场的行为规范(Rule 2800,Code of Conduct for Corporation Dealer Member Firms Trading in Wholesale Domestic Debt Markets)②",用于规范经纪公司在债券市场中的各种交易行为。目前,该组织所监控的国内证券交易场所有10家,监管的投资机构会员有206家。

(三)政府促进国债市场发展的主要措施

1. 建立规律而透明的筹资模式

加拿大政府致力于建立规律而透明的筹资模式,努力使其各项筹资活动尽可能的透明和可预期。近10年来,政府始终坚持定期提前向市场

---

① 加拿大主要面对个人投资者发行的零售国债包括:储蓄国债(Canada Savings Bonds,CSBs)和有奖国债(Canada Premium Bonds,CPBs)。

② 该规范最早于1998年开始实行,并于2008年被修订。

公布发债计划。政府每年年初公布每个季度关键期限国债的发行计划,每季季末公布下一季度的发债计划。规律而透明的发债计划有助于一级交易商和投资者提前制定投资计划,促进了他们参与国债投标的积极性。政府还坚持重要事项的事前告知制度,如调整原发债计划之类的重要事项,必须通过央行网站提前向市场公布。

此外,加拿大政府十分重视与市场参与者的沟通和协商。政府不定期举办市场座谈会,与市场参与者沟通市场情况,了解他们对流动性和市场效率的看法,并根据所反馈意见和建议,对现行政策进行相应调整和改进。

2. 特别注重关键期限国债

为帮助市场确立定价基准,加拿大政府特别重视关键期限国债的发行管理。目前,加拿大的关键期限国债品种包括:2、3、5、10 和 30 年期国债。近年来,政府有规律地发行关键期限国债,几乎每一个季度都发行全部品种的关键期限国债。

此外,政府还特别重视关键期限国债在二级市场中的作用,注意维持各关键期限国债最低市场存量,以保持其较高的流动性。政府在每年"年度政府债务管理战略"中都特别制定了各关键期限国债市场存量的计划最低目标。如 2010—2011 财年关键期限国债市场存量计划最低目标为:

2 年期国债	70 亿~100 亿加元
3 年期国债	70 亿~100 亿加元
5 年期国债	90 亿~120 亿加元
10 年期国债	100 亿~140 亿加元
30 年期国债	120 亿~150 亿加元

3. 有规律地实施债券买回操作

为确保新债顺利发行和提高二级市场流动性,加拿大政府在国债二级市场上有规律地实施债券买回操作。买回操作对象一般是存续期为1~25年间的国债。

债券买回操作主要分为两类:一是以债券置换为目的而进行的买回操作,即用新发行的关键期限国债置换市场中同期限、流动性差的老券①,以提高二级市场流动性。2010—2011财年,该类买回操作的规模计划将达到50亿加元。二是出于国库现金管理需要而进行的买回操作。该类买回操作主要为了提高国库现金的管理效率,防范大量国债集中到期对国库现金需求造成冲击,并使每年国库券发行规模基本保持稳定。

(四)加拿大国债市场评价

加拿大国债市场管理体系较为完善,政府促进市场发展有关措施的效果也较为良好,政府债务管理的根本目标和派生目标基本得以实现。一是政府能够长期稳定地从市场筹资。由于国债在加拿大已形成了广泛且多样化的投资者基础,因而近10年来,政府每年的筹资计划基本都能顺利完成。近两年,即使国际金融危机使债券市场波动增大,各期国债均依然能够成功发行且效果较好。

二是政府能够低成本从市场筹资。近10年来,政府公共债务成本呈逐步下降趋势。公共债务成本占财政预算收入比率由1990—1991财年的最高值37.6%逐步下降到2008—2009财年的13.3%(见图2)。2008—2009财年,公共债务成本为310亿加元,仅占GDP1.9%。

---

① 在置换买回操作中,新券发行量不必与老券买回量完全相同,只要期限相同即可。

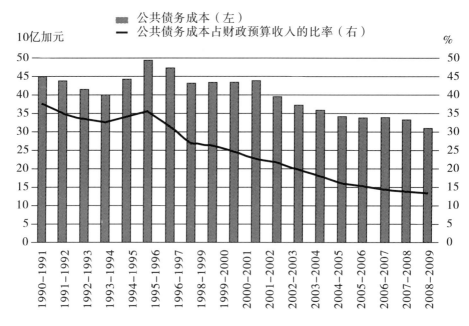

公共债务成本（左）
公共债务成本占财政预算收入的比率（右）

图 2　加拿大公共债务成本

三是国债二级市场流动性良好。加拿大政府高度重视市场流动性问题,通过重点发展关键期限国债、重点培育一级交易商等诸多措施维持二级市场的较高流动性。近年来,加拿大二级市场国债换手率基本保持在20倍左右,在发达国家中处于较高水平(见图3)。

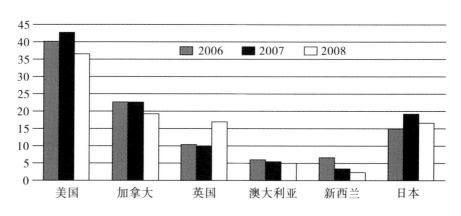

图 3　2006—2008 年各国二级市场国债换手率

二、加拿大应对国际金融危机有关情况

(一)危机对加拿大经济的影响

在国际金融危机爆发前,加拿大整体经济基础牢固且经济增长势头良好,因此在全球经济普遍遭受严重打击的情况下,2008 年加拿大依然保持了相对良好的经济态势。2008 年第二、三季度,加拿大是"七国集团"中唯一保持经济正增长的国家。

加拿大以贸易立国,实体经济高度依赖对美国和其他有关国家和地区的出口。随着国际金融市场的持续动荡,以及美国和全球需求迅速萎缩,加拿大经济自 2008 年第四季度也开始步入衰退。2008 年第四季度,加拿大 GDP 增速下降 3.7%;随之,2009 年第一季度,GDP 增速再次下降 5.4%[①]。

相对于实体经济,国际金融危机对加拿大金融业的影响较小。具体表现在,银行业整体经营稳健,发生在美、英等国的银行挤兑现象没有在加拿大出现,也没有大型金融机构破产倒闭的情况发生。尽管银行业整体盈利情况有所下降,但仍保持了正增长。

(二)政府应对危机的有关措施

面对国际金融危机的冲击,加拿大政府及时制定了"经济行动计划(Economic Action Plan)",并于 2009 年 1 月 27 日开始实施。作为 2009 年预算的一部分,该计划承诺提供约 400 亿加元财政资金(约相当于年度GDP 的2.5%),用于减缓全球经济衰退所造成的冲击,加快经济复苏

---

① 2009 年全年加拿大 GDP 下降 2.6%。

步伐。

　　为确保加拿大金融系统长期稳定和为企业和个人提供融资便利，2009 年预算还额外提供约 2000 亿加元的资金用于启动"特别金融框架（Extraordinary Financing Framework，EFF）"。在该框架下，政府及时采取了多种措施，旨在恢复市场信心、支持市场化融资和鼓励银行放贷，主要包括:（1）实施"购买'已担保的抵押资产'计划①（Insured Mortgage Purchase Program，IMPP）"，在此计划下，政府承诺将从金融机构累计购买价值 1250 亿加元"已担保的抵押资产"，以帮助他们能够长期稳定地从市场融资。其中，2008—2009 财年②，政府已从金融机构购买了价值 550 亿加元"已担保的房产抵押资产"。（2）加拿大央行向金融机构提供特别流动性支持，以减轻他们的融资压力。在市场资金最紧张的时期（如 2008 年 12 月），央行向金融机构提供的流动性支持曾高达 410 亿加元。（3）政府帮助国有企业③提高融资规模，以支持国内的商业信用恢复。上述措施所需资金主要通过发债筹集。从 2008—2009 财年开始，国债发行规模较以前年度显著提高④（见图 4）。

---

　　①　该计划于 2008 年 10 月 10 日颁布。

　　②　加拿大的财政年度为:每年的 4 月 1 日至次年的 3 月 31 日。

　　③　包括:加拿大商业发展银行（Business Development Bank of Canada）、加拿大住房抵押公司（Canada Mortgage and Housing Corporation，CMHC）、加拿大农业信用公司（Farm Credit Canada）和加拿大出口发展公司（Export Development Canada）等等。

　　④　2008—2009 财年，国债的实际发行量为 750 亿加元;2009—2010 财年，国债的计划发行量为 1020 亿加元;2010—2011 财年，国债的计划发行量为 950 亿加元。

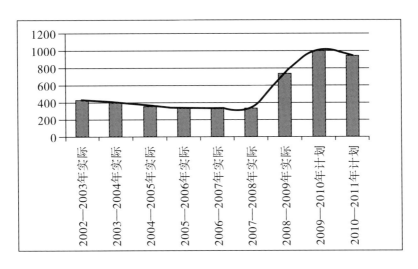

图4 加拿大年度国债发行规模(单位:亿加元)

政府发债规模扩大使得市场化国债存量显著增加。但与此同时,联邦政府债务净额却未相应明显增加。这主要由于政府债务的增长大部分被政府金融资产的同时增长所抵消了。如:通过实施"购买已担保的抵押资产计划",政府发债所筹资金用于购买房产抵押证券,形成了较为安全的金融资产。2008—2009财年末,市场化国债存量增加1168亿加元,而联邦政府债务净额仅增加61亿加元①。

依靠较为雄厚的经济基础、金融体系较强的恢复能力和政府及时采取的应对措施,加拿大经济于2009年末已重回正增长的轨道。

(三)加拿大金融业受危机影响较小的主要原因

1. 银行业高度集中且经营保守稳健

加拿大银行业高度集中。目前,加拿大共有21家本土银行,48家外资银行及其分支、7家非银行信贷机构和10多家信用社。其中,加拿大

---

① 2008—2009财年末,加拿大市场化债券存量为5109亿加元;政府债务净额为4637亿加元。

皇家银行（Royal Bank of Canada，RBC）、多伦多道明银行（Toronto-Dominion Bank，TD）、加拿大帝国商业银行（Canadian Imperial Bank of Commerce，CIBC）、丰业银行（Bank of Nova Scotia）、蒙特利尔银行（Bank of Montreal，BMO）、加拿大国家银行（National Bank of Canada）六家全国性银行的资产和存款在整个银行业占比高达90%以上。自上世纪60年代以来，"六大银行"一直拥有稳固的市场垄断地位。

加拿大银行业整体经营特征趋于保守稳健。商业银行的资本充足率普遍达到12%以上，远高于《巴塞尔协议 III》的要求。而且，加拿大银行业对涉足高风险领域十分谨慎，风险按揭贷款资产较少，按揭贷款证券化率不到20%，远低于美国60%的水平；次优级抵押贷款与次级抵押贷款之和在抵押贷款总额中的比重不足5%；抵押贷款违约率也明显低于美国。

2. 注重对金融业的监管

加拿大为联邦制国家，联邦政府和省政府对金融业实行分权监管。联邦一级的监管机构为加拿大金融机构监管署（Office of the Superintendent of Financial Institutions，OSFII），其直接对财政部负责。各省分别设立省级金融监管部门①。联邦和省级金融监管机构不是垂直领导关系，而是相互合作关系，双方通过签订金融监管协定建立信息沟通机制，实施联合监管。加拿大整个金融体系形成了银行和保险公司等机构主要由联邦的加拿大金融机构监管署监管，而证券公司和投资基金分别由省级证券监管委员会和省级金融服务委员会监管的格局。

此外，为加强各层次金融监管机构之间的协调配合，联邦政府还特别成立了金融机构监管委员会（Financial Institutions Supervisory Committee，

---

① 如：安大略省证券委员会（Ontario Securities Commission，OSC）

FISC)、高级顾问委员会(Senior Advisory Committee,SAC)等金融监管协调委员会,专门负责协调金融监管的政策事务,在确保实施有效联合监管方面发挥了重要作用。

3. 注重对金融消费者的保护

注重对金融消费者权益的有效保护也是加拿大金融业保持稳健的重要因素。这项任务主要由加拿大存款保险公司(Canada Deposit Insurance Corporation,CDIC)、加拿大投资者保护基金(Canadian Investor Protection Fund,CIPF)和金融消费者保护局(Canada Consumer Financial Protection Bureau)完成。设立存款保险公司和投资者保护基金是大多数国家保护存款人和投资者利益的通行做法,而金融消费者保护局的设立则明确显示出加拿大注重保护金融消费者利益的政策取向。

加拿大金融消费者保护局,专门负责保护金融消费者权益。管辖的金融机构包括:所有的商业银行、在联邦注册的保险公司、信托和贷款公司以及合作性质的信用协会。其法定职责包括:确保联邦管辖金融机构遵守有关消费者保护的法律法规;宣传金融消费者的权利和义务,帮助公众获得有关金融产品和服务的信息等等。

(四)加拿大应对国际金融危机评价

国际金融危机对加拿大的冲击主要表现在实体经济方面,金融业所受影响相对较小。由于"危机前"加拿大的经济基础较为雄厚;为应对危机,政府又及时采取了较为有效的措施,因而加拿大经济在"危机中"和"后危机时代"的表现均优于大多数工业化国家。

加拿大金融业之所以能在危机四伏的西方发达国家中得以独善其身,主要得益于:一是银行业的高度集中和稳健经营确保了行业较为丰厚利润和回报,而银行业在加拿大金融体系中居于核心地位,因此银行业在危机中的较好表现确保了整个金融体系的相对稳定。二是分工明确、沟通顺畅、配合密切的金融监管体系,保障了金融业整体的合规稳健经营,降低了金融体系内的风险概率。三是政府对金融消费者有效保护,增强了社会公众对政府的信任和金融体系的信心,降低了危机期间市场恐慌和挤兑现象的发生。

三、几点启示

(一)控制政府债务风险的关键是管理好债务资金的使用

政府债务风险控制是掌控财政风险和金融风险的重要问题。以往,我们对债务风险控制问题的关注,往往集中于债务总体规模控制。欧盟和国际上一些通行的债务风险指标,也基本上都是通过设定一国债务总额与 GDP 的比率来限定债务的总体规模。

而加拿大的经验表明,控制债务总体规模并非为控制债务风险的第一要务,只要管理好债务资金的使用,债务规模的增大未必会使债务风险相应增加。如前所述,金融危机期间,加拿大政府的筹资需求增大,市场化债券的存量猛增,但由于发债所筹集资金主要用于投资可获得稳健收益的优质资产,因而政府的债务净额并未明显增加。从更长的时间段来看,1998—2008 年十年间,为保持国债二级市场的流动性,加拿大政府每年均保持着充足的国债发行量,但政府债务净额却并未相应增加,反而呈现逐步下降趋势。由此可见,政府债务风险控制更为关键的问题是如何把好债务资金的"使用关"。

（二）高度重视二级市场流动性

二级市场流动性水平是衡量一国债券市场发达和完善程度的重要依据。加拿大政府始终高度重视市场流动性问题，将保持市场较高流动性作为制定和实施各项债务管理政策措施的"出发点"和"落脚点"。如前所述，加拿大国债二级市场尽管规模不大，但流动性较高，有效降低了市场风险，并保证了政府各年度筹资任务的顺利完成。

（三）进一步加强各政府主管部门间的配合

国债市场长期健康发展离不开有效的政府管理。加拿大的经验表明，通过法律形式明确各政府部门在国债市场中的职责分工，用制度保障各部门间的协调配合，是政府实施有效管理的前提条件。如前所述，加拿大财政部和央行在国债管理方面分工较为明确，配合较为默契，跨部门成立的各专门委员会又对各部门的工作执行情况进行监督和考核，这些措施有力地保障了政府各年度筹资任务的顺利完成和国债市场的健康稳定发展。

（四）充分发挥行业组织在市场中作用

加拿大的经验表明，建立多层次的市场管理体系有利于市场的发展，政府管理和行业自律管理二者应并重。加拿大投资行业自律管理组织作为加拿大证券市场的行业组织，在政府部门的授权下，积极开展工作，承担了很多市场管理职能，具体包括：制定行业自律规则和行业标准；审核下属会员机构雇佣的投资顾问的资格；组织会计检查，确保下属会员机构具有开展特定证券业务的资金实力和资金准备；组织业务检查，敦促下属会员机构制定完备的内部操作规程；实施证券市场监管，确保各项交易行为合规；受理并调查客户对下属会员机构的投诉，并对违规者进行处罚，等等。